청소년 제자훈련
인도자 지침서 1

 믿음의 기초를
새롭게 하라

▌국제제자훈련원은 건강한 교회를 꿈꾸는 목회의 동반자로서 제자 삼는 사역을 중심으로
성경적 목회 모델을 제시함으로 세계 교회를 섬기는 전문 사역 기관입니다.

청소년 제자훈련 인도자 지침서 1
믿음의 기초를 새롭게 하라

초판 1쇄 발행 2009년 1월 30일
초판 14쇄 발행 2024년 4월 20일

지은이 사랑의교회 청소년 주일학교

펴낸이 오정현
펴낸곳 국제제자훈련원
등록번호 제2013-000170호(2013년 9월 25일)
주소 서울시 서초구 효령로68길 98(서초동)
전화 02-3489-4300 **팩스** 02-3489-4329
이메일 dmipress@sarang.org

ISBN 978-89-5731-333-6 03230

청소년 제자훈련
인도자 지침서 1

믿음의 기초를
새롭게 하라

국제제자훈련원

왜 제자훈련이 필요한가?

"예수께서 나아와 말씀하여 이르시되 하늘과 땅의 모든 권세를 내게 주셨으니 그러므로 너희는 가서 모든 민족을 제자로 삼아 아버지와 아들과 성령의 이름으로 세례를 베풀고 내가 너희에게 분부한 모든 것을 가르쳐 지키게 하라 볼지어다 내가 세상 끝날까지 너희와 항상 함께 있으리라 하시니라"・・・마태복음 28:18-20

이 말씀은 갈릴리에서 예수님께서 승천하시는 모습을 직접 목격한 열한 제자에게 주어진 명령이지만, 오늘날 교회의 모든 성도들에게 주신 명령이기도 하다. 성도는 남녀노소 구분 없이 예수 그리스도를 마음으로 믿고, 입으로 시인하는 모든 사람들을 말한다. 그렇기에 예수님이 유언처럼 남기신 가장 큰 명령인 대사명大使命 앞에서 성도라면 어느 누구도 예외일 수 없다. 이 대사명을 온전히 받들어 삶의 모든 영역에서 온몸으로 실현해야 하는 것이다. 하지만 오늘날 기독 청소년들은 사도들이 주님으로부터 직접 받은 대사명을 자신들도 계승해야 한다는 것을 모르고 있는 것 같다. 마치 이 대사명이 특정한 사람들의 전유물인 것처럼 여긴다. 교회 자체가 사도들이 받은 사명을 계승하고 있는데, 교회의 중요한 지체인 청소년들이 어찌 그 사명에서 자유로울 수 있는가? 이 사명에서 예외인 성도는 아무도 없다. 성도라면 누구나 이 사명을 위해 헌신할 각오가 되어 있어야 한다.

그렇다면 대사명에서 첫 번째로 말씀하고 있는 "제자로 삼는 것"은 어떻게 가능할까? 모든 민족을 제자로 삼기 위해서는 우선 자신이 제자로

청소년 제자훈련
인도자 지침서 1

만들어져야 한다. 이것이 되어야 그 이후의 말씀들도 실천할 수 있다. 예수님의 제자가 된 사람만이 먼저 제자로 삼는 사명을 감당할 수 있다. 물론, 이제 갓 믿고 예수님 앞으로 돌아온 초신자도 제자요, 모태신앙으로 어릴 때부터 예수님을 믿고 교회에 오래 다닌 사람도 제자요, 열심히 배우면서 성숙한 믿음을 갖기 위해 애쓰는 사람도 제자임에는 틀림이 없다. 하지만 영적인 수준에서 보면 이런 제자 간에는 큰 차이가 있는 것이 사실이다. 말씀의 훈련이 되어 있지 않은 사람보다 배우고 지키는 훈련을 받은 사람이 제자의 삶에서 훨씬 앞서 있다는 것이다. 그러므로 예수님을 자신의 주님으로 고백한 사람은 제자가 되기 위해 훈련을 받는 것이 아니고, 제자이기 때문에 훈련을 받는 것이다.

제자이기 때문에 훈련을 받아 주님의 인격을 전적으로 따르는 자가 되어야 한다. 주님의 인격을 전적으로 신뢰하고 따르기 위해서는 모든 것을 내버리는 자기 포기가 있어야 한다. 포기를 못하는 사람은 따라가지 못한다. 자기를 부인하고 십자가를 지고 예수님을 따라야 한다막 8:34. 이것은 저절로 되지 않는다. 많은 진통과 뜨거운 눈물이 필요하다. 비록 더딜지라도 이러한 변화가 일어나는 자리에 한 차원 높은 제자로 거듭나는 일이 펼쳐질 수 있다.

두 번째로 복음의 증인이 되어야 한다. 예수님은 세상에서 자기를 증거할 사람들을 부르셨다. 그래서 증거 또는 증인이라는 말이 제자로 부르셨다는 말과 같은 의미로 자주 사용된다. 예수님의 십자가와 부활을 직접 목격한 사도들이 그 사실을 직접 전한 것처럼, 증인은 사도들의 증거를 듣고 믿게 된 그것을 다른 사람 앞에서 고백하는 사람이다. 스데반은 사도들처럼 직접 예수님의 십자가와 부활을 목격한 것은 아니었지만 증인으로 부르심을 받았다. 진정한 제자는 훈련을 받아 복음의 증인이 되어야 합니다.

마지막으로 섬기는 종이 되어야 한다. 종이라는 말은 낮은 신분을 나타내는 것으로, 제자가 된 사람이 그리스도 안에서 어떤 사람이 되어야 하는가를 말해 주고 있다. 제자에게 종의 직분은 예수님이 보여 주신 모범이므로 결코 피할 수 없는 것이다. 예수님은 종의 몸을 입고 세상에 오셨다. 예수님의 생애는 이 세상을 사랑하여 자기를 아끼지 아니하고 희생하는 헌신의 과정이었다. 제자는 이런 예수님의 모습을 꼭 닮은 사람이다.

이렇듯 세 가지의 요소가 삶의 영역 속에서 분명히 드러날 때 진정한 제자라고 할 수 있을 것이다. 그리고 이러한 제자가 또 다른 사람, 또 다른 민족을 제자로 삼을 수 있다.

청소년들은 청, 장년에 비해 아직은 어리고, 작고 약하다. 하지만 청소년 시절에 예수님을 믿고 신앙생활을 하게 한 것에는 주님의 분명한 뜻이 있다. 비록 약하지만 예수님처럼 걷고, 말하고, 생각하며 평생을 온전히 예수님의 제자로 살아가게 하기 위함이다. 제자훈련을 통해 그러한 영광스러운 삶의 첫 출발을 하길 바란다. 하나님께서 당신을 통해 이루실 큰 일을 기대한다.

> 그 작은 자가 천 명을 이루겠고 그 약한 자가 강국을 이룰 것이라 때가
> 되면 나 여호와가 속히 이루리라 • • • 이사야 60:22

편집위원

믿음의 기초를 새롭게 하라

.

나는 구원받았나요? · · ·

<u>목 적</u> 나는 예수님의 제자가 되기 이전에도 과연 구원받았는가? 그것을 확인하기 위해 구원에 대한 정의와 어떻게 해야 구원을 받을 수 있는지 알아보자. 이를 통해 구원에 대한 확신으로 훈련의 기반을 잡아간다.

"당신은 구원받았나요?"

"음~받은 것 같기도 하고 아닌 것 같기도 하고… 잘모르겠어요!"

많은 중학생들에게 구원에 관해서 물어보면 10명 중 7~8명은 이렇게 대답한다. 구원의 확신은커녕 십자가의 능력에 대한 진리를 모르는 경우가 태반이다. 십자가에 대한 말씀과 암송, 활동은 수없이 많이 하지만 그 말씀의 능력이 자신과는 아무 상관없다고 생각한다. 십자가의 의미와 능력에서 자신을 분리시켜버리고 더 이상 생각조차 하지 않는 청소년들을 보곤 한다.

하지만 여전히 예수 그리스도의 십자가, 나와 우리를 위한 십자가의 능력과 은혜는 이제 머리가 자라고 마음이 풍성해 지는 청소년들이 반드시 나누고 묵상하고, 확신해야 할 진리임을 알아야 한다.

이번 과에서 다시 한 번 예수 그리스도의 십자가 은혜와 능력, 그리고 그 안에서 우리에게 일어나는 구원의 놀라운 경험이 나타나기를 소망한다.

우리가 구원받았다는 것을
어떻게 알 수 있을까요?

학생들과 위의 카툰을 보면서 구원에 대해 함께 이야기를 나눈다. 과연 구원
을 왜 받아야 하는지, 어떻게 해야 구원을 받는지, 그리고 내가 현재 구원에
대한 확신이 있는지 서로 이야기하는 시간을 갖는다.

<u>도입질문</u>
1) 잘못을 저지르고도 용서받아 보았던 경험을 이야기해 보자.

"영접하는 자 곧 그 이름을 믿는 자들에게는 하나님의 자녀가 되는 권
세를 주셨으니 이는 혈통으로나 육정으로나 사람의 뜻으로 나지 아니
하고 오직 하나님께로부터 난 자들이니라"(요 1:12-13).

1 구원이란 무엇인가?

1) 자신이 생각하는 구원에 대해서 말해 보라.

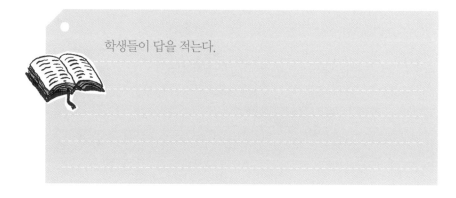

학생들이 답을 적는다.

2) 성경은 구원이 무엇이라고 말하고 있는가?

골로새서 1장 14절

우리가 그 아들, 즉 예수님 안에서 죄 사함을 말한다.

<u>심 화 질 문</u>

1) '예수'의 의미는 무엇인가?

"그가 자기 백성을 그들의 죄에서 구원할 자이심이라 하니라"(마 1:21).

2) 마태복음 1장 21절에서 '자기 백성'은 누구를 가리키는 것인가?

예수 그리스도에 속한 자들로 예수 그리스도를 영접하고 하나님의 뜻대로 행하는 모든 자(막 3:35).

요한복음 3장 3절

'사람이 거듭나는 것'을 말한다.

심 화 질 문

1) 거듭난다는 것은 무슨 의미인가?

예수 그리스도를 영접하여 하나님의 자녀로 새롭게 태어나는 것을 의미한다.

2) 일반적인 생활에서 '거듭난다' 와 성경에서 말하는 '거듭난다' 의 차이는 무엇인가?

일반적인 생활에서 말하는 것은 '다시 한 번 마음을 고쳐먹겠다' 거나 '다시 한 번 잘 살아보도록 노력하겠다' 는 의미이지만 성경에서 말하는 '거듭난다' 는 것은 구원이 하나님의 선물, 즉 위로부터 오는 하나님의 주권적인 것으로 우리의 힘으로 할 수 있는 것이 아니라 하나님께로부터 나는 것을 말한다.

구원이란 넓은 의미에서 악과 고난, 죽음으로부터의 해방을 의미한다. 그리고 모든 악과 고난의 결론은 죽음이다. 이 죽음은 죄로부터 시작되었다. 여기서 훈련생과 조금 더 깊은 죄와 죽음, 그리고 그것으로부터의 구원의 의미를 나누어 보라.

인간은 두 번 태어날 수 있는데 한 번은 자연적인 것으로 육적인 태어남이다. 이것은 어머니 뱃속에서 태어나는 인간이면 누구에게나 해당되는 것이다. 두 번째 태어남은 영적인 것으로 성령으로 태어나는 것이다. 이것은 하나님의 은혜 속에서 예수를 믿음으로 말미암아 하나님의 자녀 된 그리스도인에게 해당되는 말이다.

2 우리는 왜 구원받아야 하는가?

로마서 3장 23절

인류 모든 사람이 죄를 범하여 하나님의 영광에 도달할 수 없기 때문이다.

로마서 6장 23절

죄의 대가는 사망이지만 하나님의 선물인 예수님을 통한 구원은 영원한 생명
이기 때문이다.

히브리서 9장 27절

사람이 죽는 것은 정해진 운명이다. 그리고 그 이후에는 심판이 우리를 기다리
고 있기 때문이다.

예수 그리스도를 통한 구원이 없는 영원한 사망을 상상해 보라. 숙제를 해
오지 않아서 손바닥을 맞는 것 자체만으로도 끔찍한 경험일 텐데…. 소망
도, 기회도 없는 사망의 삶에서 하나님의 영광으로 초대된다는 것, 자신의
모든 죄가 사해진다는 것, 그리고 삶이 변화된다는 것, 누구 원하지 않겠는
가? 하지만 하나님께서는 우리보다 더 우리가 구원 얻길 바라신다.

사람은 죄에 빠져 하나님으로부터 떠나 있다. 또한 죄를 지은 사람은 모두 죽을
수밖에 없고 죽은 후에는 심판을 받게 된다.

자신이 생각하는 죄는 무엇인가?

인류 모든 사람이 죄를 범하여 하나님의 영광에 도달할 수 없기 때문이다.

심화질문

1) 죄란 무엇인가?

죄란 구약에서 '표적에서 벗어남', '왜곡되어 잘못 이해함' 등과 같은 의미로 나타나며, 신약에
서는 '표적에서 벗어남', '법에 반대함' 등의 의미로 나타난다. 이것은 죄가 단순히 인간의 도덕
적 범주를 넘어선 창조주 하나님의 의도에서 벗어나 하나님과 인간이 분리되어 살아가는 좀 더
넓은 의미를 내포하고 있다.

본래 사람은 하나님과 사귀며 살도록 창조되었다. 그런데 사람이 자기 마음대로 살려고 했기 때문에 마침내 하나님과의 사귐이 끊어지고 말았다. 죄란 바로 하나님과의 관계가 단절된 상태를 말한다.

3 _ 우리는 어떻게 구원받을 수 있는가?

로마서 5장 8절
죄인인 우리를 위해 죽으신 예수 그리스도를 통하여 나타난 하나님의 사랑으로 인해 구원받을 수 있다.

요한복음 14장 6절
길이시고 생명이신 예수님을 믿음으로 말미암아 구원을 받을 수 있다.

요한복음 3장 16절
하나님의 독생자 예수 그리스도를 통하여 구원을 받을 수 있다.

예수 그리스도만이 하나님께 이르는 유일한 길이다. 그분만이 사람의 죄를 해결할 수 있는 유일한 구원자이시다. 하나님은 그의 사랑하는 아들 예수 그리스도를 우리를 대신해 십자가에 죽게 하심으로 우리의 죄 값을 치르도록 하셨다. 예수 그리스도를 통하여 우리는 하나님의 사랑과 계획을 알게 되며 그것을 체험하게 된다. 그러므로 구원은 오직 예수 그리스도를 믿음으로 얻게 된다.

4 _ 구원받는 믿음이란 어떤 믿음인가?

요한계시록 3장 20절
예수님을 마음으로 모시고 함께 먹고 마시며 교제하고 동행하는 믿음.

요한복음 1장 12절

예수님을 영접하는, 즉 예수 그리스도를 믿는 믿음.

심 화 질 문

1) 믿음의 대상과 내용은 무엇인가?

믿음의 대상은 주 예수 그리스도이고 믿음의 내용은 죽은 자 가운데서 살아나신 것이다. 여기서 죽은 자 가운데 살아나셨다는 것은 부활만을 의미하는 것이 아니다. 바로 나를 위해 십자가에 죽으신 사건도 포함하고 있는 것이다. 따라서 믿음의 내용은 십자가와 부활이라고 할 수 있다.

그리스도를 영접한다는 것은 그리스도께서 내 안에 들어오셔서 내 죄를 용서하시고 그분이 원하시는 사람이 되도록 그리스도께 나를 맡기는 것이고, 나 중심에서 하나님 중심으로 전환하는 것이다.

5 이 믿음은 어떻게 얻을 수 있는가?

요한복음 1장 13절

사람의 수고나 노력, 돈이나 학위가 아니라 오직 하나님의 전적인 계획과 은혜로만 가능하다.

에베소서 2장 8절

사람에게서 나오는 것이 아니라 하나님의 선물이다.

심 화 질 문

1) 에베소서 2장 8절에서 "이것은 너희에게서 난 것이 아니요 하나님의 선물이라" 라고 말씀하고 있는데 여기서 '이것은' 은 무엇인가?

일차적으로 구원을 의미한다. 하지만 믿음을 의미하기도 한다.

로마서 10장 17절

믿음은 하나님의 말씀을 듣는 것으로 얻을 수 있다.

베드로전서 1장 23절

믿음을 통하여 거듭날 수 있는 것은 제한적인 세상 것으로가 아니라 살아 있으며, 영원하신 하나님의 말씀으로만 가능하다.

<u>심 화 질 문</u>

1) 지금 나의 믿음은 하나님의 은혜로 볼 수 있는가?
2) 하나님께서 주신 믿음으로 인해 나는 뜨거운 감동이 있는가?

믿음은 세상의 것들에서 오는 것이 아니다. 학생들은 여전히 죄와 구원에 대한 의식이 부족하여 세상에서 말해 주거나 게임에서 정의되는 것들이 그들의 기본적인 지식이 되었다. 그러므로 인도자는 위에서 살펴본 것과 같이 믿음은 오직 살아 계신 하나님의 말씀에서 비롯된다는 것을 확신 있게 학생들에게 선포해야 한다.

6 당신은 구원의 확신이 있는가?

인도자인 교사가 먼저 자신이 믿는 예수 그리스도를 학생들 앞에서 고백하는 시간을 가진 후에 학생들의 고백을 듣도록 한다.

우리가 얻을 구원의 확신은 각자의 감정이 아니라 기록된 하나님의 말씀에 근거한다. 또 하나님의 성령이 우리 영으로 더불어 우리가 하나님의 자녀임을 증거하신다. 이로 인해 우리의 사고방식이나 습관 등 전반적인 생활방식이 변화된다. 그리스도 안에 있는 형제자매들을 사랑하며 다른 사람들과 그리스도에 대해 나누며 경건한 삶을 살기 원하게 된다.

당신은 구원의 확신이 있는가?

만약 그렇지 못하다면 그 이유는 아마도 예수님을 자신의 삶 가운데 모시지 않았기 때문일 것이다. 바로 지금, 나의 마음 가운데 예수님을 주인으로 모신다면 나의 삶은 변화될 것이다. 앞으로의 제자훈련 과정이 이것을 도와줄 것이다.

내가 만난
예수님을 고백해요···

<u>목 적</u> 간증의 4가지 요소를 이해할 수 있도록 하며, 간증을 통하여서 훈련하는 학생들
간의 삶과 신앙을 나누고 이해할 수 있도록 한다. 또한 이런 간증 훈련은 하나님
을 믿는 백성이라면 누구나 내가 만난 하나님을 소개하는 것이 당연한 일이며,
하나님의 증인이 되는 것에 대한 기대감과 도전을 돕는다.

　　예수님을 믿는다면 누구나 자신이 만나고, 믿는 예수님을 고백할 수
있어야 한다. 초대교회의 성도들은 예수 믿는 것이 발각되면 잡혀가야
했다. 그럼에도 불구하고 그들은 자신이 믿는 예수님을 자랑스러워했
으며 자신의 신앙을 확실하게 고백했다. 하지만 오늘날 우리는 어떠한
가? 이러한 초대교회 성도들에 비해 우리는 부끄러운 경험들을 가지고
있을 것이다. 서로 믿는 그리스도인임에도 불구하고 자신이 믿고, 자신
이 섬기는 예수님을 누군가에게 말하는 것을 대단히 부끄럽게 여기는
것이 우리의 현실이기도 하다. 그래서 오늘날 교회가 초대교회와 다르
게 뜨겁지 못한 것인지도 모른다. 우리는 이제 훈련을 시작한다. 이런
훈련의 시작에서 우리가 믿는, 내가 만난 예수님을 서로에게 고백하는
시간을 가져야 한다. 그때 나타나는 가슴의 뜨거움과 뭉클함을 이제는
경험해야 한다. 솔직하게 자신이 믿는 예수님에 대해서 말해 보라. 이
러한 도전은 우리의 훈련과 더불어 우리를 세상에서 승리하게 해줄 것
이다.

도입질문

1) 내가 만난 예수님에 대해서 누군가에게 이야기해 본 적이 있는가?

2) 사람들의 반응은 어떠했는가?

3) 그 당시 나의 마음은 어떤 느낌이었나?

 암송구절

"시몬 베드로가 대답하여 이르되 주는 그리스도시요 살아 계신 하나

님의 아들이시니이다"(마 16:16).

1 사도 바울은 복음을 전하는 중에 필요하다고 생각되면 자신이 어떻게 예수님을 믿게 되었는지에 대해 간증하기를 좋아했다. 사도행전 22장 1-16절을 펴서 자세히 읽은 후에 줄거리를 서로 이야기해 보라.

3-4절: 바울이 자신을 소개함

6-10절: 예수님께서 사도 바울을 만나심. 바울의 눈이 안 보이게 됨

13절: 다메섹에서 아나니아를 만나 눈을 뜬 바울

14-15절: 예수님의 증인이 된 사도 바울

2 바울의 예를 통해 우리가 신앙고백을 간증 형식으로 하려고 할 때에는 적어도 세 가지 내용을 갖추어야 한다는 사실을 배울 수 있다. 예수님을 믿기 전 자신의 모습, 예수님을 믿게 된 과정, 예수님을 믿은 다음에 일어난 변화가 그것이다. 자신의 신앙을 이런 식으로 간증할 수 있다고 생각하지 않는가? 글로 간단하게 적어보라.

예수님을 믿기 전

예수님을 믿게 된 과정

예수님을 믿은 후의 변화

학생들에게 미리 간증문을 적어오게 하여 서로 비교하게 한다.

3 바울의 간증에서는 한 가지 중요한 것이 빠져 있다. 무엇이 빠졌는지 베드로의 신앙고백과 비교하여 보라(마 16:16-17). 베드로는 자신에게 예수님

이 어떤 분인가를 고백하고 있다. 우리는 베드로처럼 예수님을 고백할 수 있는가? 자신의 말로 분명하게 신앙고백 해보라.

신앙 고백이 빠져 있다.

<u>심 화 질 문</u>

1) 바울은 왜 간증을 하면서 자신의 신앙을 고백하지 못했다고 생각하는가?

사도 바울 역시 따로 신앙을 고백했을 수도 있고, 어쩌면 군중들의 소란과 폭동으로 바울이 체포되면서 간증이 중단되었을 수도 있다.

나에게 예수님은,

한 사람도 빠짐없이 고백하게 한다.

<u>심 화 질 문</u>

1) 고백하고 난 후 기분이 어떤가?

4 바울이나 베드로처럼 확신을 가지고 자신의 신앙을 간증하거나 고백하기가 어려운가? 그 이유가 어디에 있다고 생각하는가?

정답은 없다. 그러나 다음과 같은 이유가 가능하다.

– 자기 믿음에 대한 의심

– 전도와 간증을 싫어함

– 영적인 열등감

– 구원의 감격과 찬양이 부족

– 바울과 같은 체험이 없음

– 기질적으로 소극적임

학생들이 서먹함으로 고백하지 않을 수 있지만 포기하지 말고 끝까지 고백하게 하는 것이 중요하다.

5 예수님을 믿기 시작했을 때 사람들을 깜짝 놀라게 할 만한 어떤 사건이나 변화를 체험한 사람들은 자신이 예수님을 믿게 된 과정을 어렵지 않게 이야기한다. 그러나 믿는 집안에서 태어났거나 주일학교 때부터 교회에 출석했던 사람들은 그렇지 못한 경우가 종종 있다. 싱거워서 할 말이 별로 없다는 식이다. 자신이 어느 경우에 해당하는지 말해 보라.

모태 신앙이나 아무런 체험이 없는 학생들은 세상에서 가장 크고 감동적인 체험은 "나 같은 죄인이 용서함 받고 하나님의 자녀가 되었다는 사실이다!" 라고 고백하게 한다.

체험보다는 우리의 고백이 중요하다.

6 우리에게 감동적인 경험이 있든 없든, 예수 그리스도를 사람들 앞에서 고백하는 것은 우리 모두가 해야 할 의무다. 중요한 것은 나 자신의 믿음을 확실히 고백할 수 있어야 한다는 것이다. 이 시간 공부하면서 다른 친구들의 고백을 들었을 것이다. 그리고 자신에게 어떤 문제점이 있는가를 발견했을 것이다. 집으로 돌아가 다시 한 번 자신의 신앙고백을 간증 형식으로 적어서 제출하라.

이번 주에 간증문을 적으며 신앙이 다시 한 번 확인될 것을 말해 준다.
이번 훈련 기간 동안에 큰 은혜가 있을 것에 대한 기대감을 주는 것이 중요하다.

간증문 작성의 도움말

구원받은 모든 사람은 그리스도의 증인이다. 구원받은 날은 기억해낼 수 없더라도 자신이 구원받은 사실은 알고 있어야 하며, 이것을 통해 하나님 만난 것을 다른 사람에게 분명히 말할 수 있어야 한다. 그리스도의 증인이 되기 위해서는 우리가 영생을 얻었다는 것과 예수 그리스도는 우리의 구주와 주님이시라는 사실에 분명한 확신이 있어야 한다.

1 어려서 영생을 얻은 경우

나는 영생 얻은 것이 기뻐요. 왜냐하면…

1) 자신의 개인적 체험에서 긍정적인 예를 든다. (죽음으로부터 자유, 용서, 죄책감에서의 자유)

2) 영생의 확신과 언제라도 죽으면 천국 갈 확신이 있음을 포함시킨다.

2 커서 영생을 얻은 경우

1) 영생 얻기 이전의 삶(불안, 죽음의 공포, 외로움, 죄책감 등)을 제시한다.

2) 영생 얻은 때

3) 영생을 얻은 이후의 삶을 구체적으로 표현하라.

3 간증문 작성시 주의점

1) 영생 얻기 이전의 삶에 너무 치중하지 말고 영생 이후의 기쁨을 표현하라.

2) 너무 기독교적인 용어는 피하라.

3) 영적인 면은 제쳐두고 일상적인 내용만 다루는 것은 피하라.

4) 간증문을 듣거나 보는 사람이 실제의 장면을 보듯이 생생하게 묘사하라.

→ 다음의 내용이 반드시 들어가야 한다.

a. 예수님 믿기 이전(영접하기 이전)의 모습

b. 예수님을 믿게 된 동기와 과정

c. 예수님에 대한 자신의 신앙고백

d. 예수님을 믿은 후의 변화(결심)

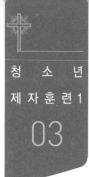

하나님과
매일 만나는 생활 · · ·

<u>목 적</u> 경건의 생활에 대한 동기를 부여하고, 이것이 왜 어려운지 진단한 후에 경건의
시간을 자신의 습관으로 정착할 수 있도록 돕는다.

"목사님! 예수님이 의심돼요."

이런 의문을 가지고 오는 학생들이 종종 있다. 그리고 오늘날 이런
의심이 없다고 말할 수 있는 사람들은 흔치 않을 것이다.

여기에서 우리는 '예수님을 믿는다는 것' 과 '하나님과 만나서 마음
을 나눈다는 것' 은 같은 말이 아니라는 사실을 알아야 한다. 가끔씩 보
면 부모와 자녀관계이면서도 서로 간에 담을 쌓고 대화도, 교류도 없는
가족들을 보게 된다. 이것은 행복한 가정의 모습이 아니며 자녀와 부모
의 관계가 단절된 것을 보여 준다.

이러한 문제에서 가족의 불화가 나타난다. 이처럼 우리와 하나님의
관계도 유사하다. 집회나 어떤 예배에서 예수님을 믿게 되지만 그렇게
한 번 만난 것으로 모든 교제가 완성되는 것이 아니다. 그것은 단지 시
작일 뿐이다.

우리가 신앙생활을 건강하고 기쁘게
유지하려면 하나님과 마음을 나누는 영
적인 교제를 잘 이루어 가야 한다.

하나님과 매일 만나는 교제의 생활을 일컬어 '경건의 시간'이라고 말한다. 매일 시간을 정하여 찬양과 말씀과 기도하는 습관이 바로 그것이다.

이러한 삶은 마치 가지가 나무에서 진액을 공급받아 그 잎이 푸르고 열매를 맺는 것과 같은 축복을 누리게 된다. 매일 하나님과의 거룩한 교제 없이 우리의 삶이 행복할 수 없다. 인격적인 교제란 부드럽고 자연스럽게 지속적으로 유지되어야 그 맛이 달고 즐거운 법이다. 하나님과 우리의 관계가 이래야 하는 것이다. 이제 어떻게 매일 하나님과 인격적인 교제를 나눌 수 있는지 공부해 보자.

<u>도입질문</u>
1) 당신은 하나님과 어떻게 교제해 왔는가?
2) 당신은 이성과 교제할 때, 어떻게 교제하는가?

 암송구절

"그러므로 우리는 긍휼하심을 받고
때를 따라 돕는 은혜를 얻기 위하여
은혜의 보좌 앞에 담대히
나아갈 것이니라"(히 4:16).

1 '하나님과 교제한다'는 말의 의미에 대하여 히브리서 저자는 참 멋진 말로 표현한다. 히브리서 4장 16절을 가지고 다음 질문에 답해 보라.

1) 우리는 언제 하나님과 교제가 필요한가?

때를 따라 – 필요한 때를 의미한다.

심 화 질 문

1) 하나님과의 교제가 삶에 도움이 된 적이 있는가? 자신의 경험을 이야기해 보자.
   우리에 예수님의 도움이 필요하지 않은 때는 없다. 하지만 특별히 우리에게 주님의 인도함이
   필요할 때가 있었는지 나누어 보자.

2) 하나님과 교제하는 목적은 무엇인가?

돕는 은혜를 얻기 위해서

심 화 질 문

1) 하나님과의 교제가 삶에 도움이 된 적이 있는가? 자신의 경험을 이야기해 보자.

3) 하나님과 교제하는 자는 어디로 나아가야 하는가?

은혜의 보좌로

심 화 질 문

1) 은혜의 보좌란 무엇인가?
하나님이 계신 곳을 의미한다. 은혜의 보좌는 구약에서 지성소 내의 시은좌를 의미한다. 그리고
그것은 하나님 앞에 나오는 모든 자들에게 풍성한 은혜를 베풀기 때문에 은혜의 보좌라고 한다.

2) 하나님 앞에 나아와 간구한 적이 있는가? 하나님께서 어떤 은혜를 주셨는가?

2 예수님은 세상에 계실 동안 하나님과 너무나도 아름다운 교제를 지속하셨다. 그분이 하나님과 교제를 가지셨던 때와 장소, 그리고 내용을 말해 보라(막 1:35).

언제

새벽 미명

지금의 시간으로 한다면 새벽 4-5시쯤 사이일 것이다.

예수님께서는 아주 바쁜 일정 속에 계셨다. 그렇기 때문에 아무도 일어나지 않는 그때에 하나님과 교제를 가지셨다. 이것은 새벽이란 시간을 강조하는 것이 아닌 하나님 만나는 시간을 포기하지 말라고 가르치신 것이다.

어디서

한적한 곳

사람이 없는 외딴 곳을 말한다.

예수님은 하나님과 만날 때는 아무도 그 시간을 방해하지 못하게 본인이 조정하셨다. 따라서 우리도 하나님과 만날 때는 방해 받지 않도록 우리가 그 장소를 통제할 수 있어야 한다.

내용

기도하셨다.

무슨 기도를 하셨는지는 말하고 있지 않지만 예수님은 하나님과 깊은 교제를 나누셨으며, 기도 후에 전도하기 위해서 나아가셨다.

3 예수님의 하루 생활은 너무나도 바쁘셨다. 예수님이 24시간을 어떻게 보내셨는지 안식일부터 그 다음날까지의 일과를 마가복음 1장을 통하여 살펴보라.

♥ 안식일 오전(21-28절)

회당에서 가르치셨다. 그리고 귀신을 쫓아내셨다.

♥ 안식일 오후(29-31절)

시몬 베드로의 집에 가서 열병으로 앓아누운 장모를 고쳐 주셨다.

♥ 안식일 저녁(32-34절)

모든 병자와 귀신들린 자들을 예수님께 데려왔고 온 동네 사람들도 베드로 집으로 몰려들었다. 저녁 늦게 까지 예수님은 병을 고치시고 귀신들린 자들을 내어 쫓으셨다.

예수님은 이렇게 바쁜 일정은 연속적인 일들이었다. 그렇기에 중간 중간 쉰다는 것은 거의 불가능한 일이었다. 쉴 새 없이 이루어지는 일과 가운데 예수님에게 가장 필요했던 것은 바로 하나님과의 교제였다.

♥ 다음날 아침(35절)

심화질문

1) 예수님의 하루 일과와 나의 하루 일과를 비교할 때, 과연 누가 더 바쁜가?

2) 자신은 일과가 바쁘고 힘들 때, 어떻게 이겨내고 있는가?

4 예수님이 그토록 분주한 나날을 보내시면서도 아침 일찍 하나님과 만나는 경건의 시간을 빠뜨리지 않으셨다는 사실을 보고 우리는 무엇을 느끼는가?

예수님은 하나님이셨기 때문에 성부 하나님과 늘 교제 하셨다. 예수님이 그렇게 시간을 정해 하나님과 만나셨다면 우린 얼마나 더 그분과의 교제가 필요하겠는가?

5 여러분은 '바쁘다, 시간이 없다' 는 핑계를 앞세워 경건의 시간을 빼먹는 버릇은 없는가? 있다면 언제부터 그랬으며, 그 일로 인해 신앙생활에서 입은 피해가 무엇인지 말해 보라.

너무 바빠서 경건의 시간을 가질 수 없다는 것은 거짓말이다. 경건의 시간을 가지지 못하는 이유는 삶의 우선순위가 정해져 있지 않기 때문이다. 그 어떤 것보다도 하나님과 보내는 시간이 최우선 순위로 결정 되어야 한다.

6 매일 시간을 정해 놓고 하나님과 만나고 싶어도 잘 안 되는 이유가 무엇이라고 생각하는가?

게으름, 분주함, 영적 상태, 우선순위 등 여러 가지 문제가 나올 것이다.
그러나 경건의 시간은 우선순위(중요성)의 문제이지 우선성(긴급성)의 문제가 아님을 말하고 삶의 첫 시간에 드리는 것이 중요함을 어렸을 때부터 가르쳐라.

7 경건의 시간을 잘 지키기 위해 몸에 익혀야 할 습관이 있다면 그것은 무엇인가?

학생들이 가진 그들만의 방법들을 잘 나눌 수 있도록 격려하고 지지하는 태도가 중요하다.
처음에는 조금씩 시작하는 것이 중요하다.
처음에는 기도도 짧게, 묵상도 짧게 시작하여 습관을 들이면 점점 더 시간과 깊이가 늘어나는 학생들의 모습을 볼 수 있다.

8 하나님과 바른 교제를 나누기 원하면 반드시 기도해야 한다는 사실을 예수님으로부터 배울 수 있다. 자신이 매일 어떻게 기도하고 있는지 말해 보라.

언제, 어떤 내용을 가지고 기도하는지 학생들이 이야기하게 한다. 이렇게 서로 고백하며 도전받고 배우도록 한다.

9 말씀을 읽고 묵상하는 것은 하나님과 만날 때마다 그분의 말씀에 귀를 기울이는 태도다. 시편 119편 97-102절을 펴놓고 대답해 보라.

1) 성경을 대하는 마음가짐은 어떠해야 하는가?(97절)

말씀을 사랑해야 한다.

심화질문
1) 103절에서 시편기자는 주의 말씀을 어느 정도로 사랑한다고 말하고 있는가?

'꿀보다 더' 라는 표현으로 어떤 것들보다 사랑하며 좋아한다고 말한다.

2) 나도 시편 기자와 같이 하나님의 말씀인 성경 읽는 것을 좋아하는가?

2) 성경을 읽고 배우는 태도는 어떠해야 하는가?(102절)

주님의 말씀을 받아들이고 순종하겠다는 결정이 먼저 필요하다.

3) 배운 말씀을 마음에 간직하는 방법은 무엇인가?(97, 99절)

계속 그 말씀을 되새기는 것이 중요하다. 즉 일상에서 받은 말씀을 기억하고 순종하는 삶의 습관이다.

4) 배운 말씀대로 살기 위해서는 어떻게 해야 하는가?(101절)

주님의 말씀을 지키기 위해서는 긴장하고 노력해야 한다.

<u>심 화 질 문</u>
1) 하나님의 말씀을 지키려다 어려움을 겪은 적이 있는가? 그런 상황 속에서도 계속해서 하나님의 말씀에 순종했을 때, 어떤 일이 일어났는가?

10 위의 네 가지 사실 중에서 자신에게 가장 문제가 된다고 생각되는 것은 무엇인가?

학생들이 솔직하게 이야기할 수 있도록 분위기를 잘 만들어 준다.

11 이 시간 배운 내용을 다시 정리하고 각자 집에 돌아가 당장 실천해야겠다고 생각되는 것이 무엇인지 말해 보라.

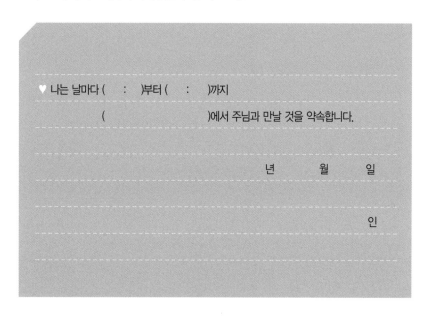

♥ 나는 날마다 (:   )부터 (:   )까지

　　　(　　　　　　　　)에서 주님과 만날 것을 약속합니다.

　　　　　　　　　　　　　　　　　년　　　월　　　일

　　　　　　　　　　　　　　　　　　　　　　　　인

같이 결단의 시간을 가지고 서로 잘 지킬수록 중보하게 하면 더욱 효과가 있을 것이다.

경건의 시간···

<u>목 적</u> 경건의 시간(큐티)을 갖는 과정- 관찰, 해석, 느낌, 적용-을 이해하고, A-D형의 경
건의 노트(큐티노트)를 작성법을 습득하게 한다. 이를 통해 직접 경건의 시간을
가짐으로써 경건의 시간에 대한 기대와 결단을 도와준다

어렸을 적 바닷물을 마셔본 경험이 있는가? 얼마나 짠지 어찌할 줄
몰랐던 경험이 있을 것이다. 그렇다면 바닷물을 짜게 하는 염분은 얼마
나 들어 있을까? 그것은 35퍼밀이라고 한다. 퍼밀이라는 것은 1/1000을
의미한다. 그것은 바닷물 1000g 가운데 짠 맛을 내는 염분은 고작 35g
이라는 것이다. 이것을 상상할 수 있겠는가?

지난주에 우리는 성공적인 신앙생활을 하기 위해서는 매일 하나님
과 만나는 생활을 해야 한다고 배웠다. 경건의 시간이란 기도와 말씀을
가지고 매일 규칙적으로 하나님과 나누는 영적인 교제의 한 방법이다.
이번 과에서는 바로 큐티(Q.T)에 대해서 배워보고 실제로 함께 나누어
보는 시간을 갖겠다. 큐티는 하루에 적은 시간을 드리는 것이다. 마치
바닷물에 녹아 있는 염분의 퍼센트 정도이다. 하지만 그 힘은 그야말로
대단하다. 우리가 상상도 하지 못할 만큼의 힘을 내는 것이 바로 경건
의 생활인 것이다.

바로 그 능력을 배우고, 발휘하는 시간이다. 함께 공부해 보자.

내 말도 들어주렴!!

도입질문

1) 부모님과 조용한 곳에서 진지한 대화를 나누어 본 적이 있는가? 부모님과 깊은 대화로 인해 느꼈던 경험을 함께 이야기해 보자.

암송구절

"주의 말씀은 내 발에 등이요 내 길에 빛이니이다" (시 119:105).

1 지난 한 주간 동안 하나님과 만나는 시간을 어떻게 가졌으며, 각자 받은 은혜는 무엇이었는지 이야기해 보라.

> 지난주에 들었던 말씀의 적용, 그리고 QT 해온 것을 자연스럽게 나누게 한다.

2 경건의 시간(QT)에 말씀을 묵상하면서 기록하는 내용은 주로 다음 네 가지 정도다. 다음에 소개하는 사례는 제자훈련을 받은 어느 학생이 기록한 경건 노트다. 자세히 읽고 각 항목의 차이점이 무엇인지 살펴보라.

– 내용 관찰

* ★ 내용 관찰이란 '내용 요약'에 해당되는 것이다.

* ★ 내용 관찰이란 '본문의 개요'에 해당되는 것이다.

* ★ 내용 관찰을 위해서는 여러 번 읽어야 한다.

* ★ 내용 관찰은 연구와 묵상을 위해 반드시 있어야 하는 과정이다.

– 연구와 묵상

* ★ 연구와 묵상은 내용 관찰보다 더 구체적이고 세밀하게 본문을 살펴보는 과정이다.

* ★ 연구와 묵상은 난해한 단어나 문장을 해석하는 과정이다.

* ★ 연구와 묵상은 본문 분해 과정이다.

* ★ 의미를 발견하는 과정이다.

* ★ 학생들이 가장 훈련이 안 되어 있는 부분이다.

– 느낌

　★ 자기가 본문을 깨닫는 작업이다.

　★ 성령의 역사가 가장 강하게 나타나는 부분이다.

– 결단과 적용

　★ 결단과 적용은 의지를 요구한다.

　★ 삶으로 실천되어야 한다.

　★ 행동이 아닌 태도를 바꾸기로 결심하는 것도 결단과 적용이라는 점을 기억해야 한다.

　★ 점점 발전해 나아가야 한다.

3 만일 자신이 경건의 시간을 노트에 기록한다면 네 가지 내용 가운데서
어느 것이 가장 힘들고, 어느 것이 그런 대로 해볼만 하다고 생각되는가?

　　학생들이 그것을 잘할 수 있도록 계속 격려하며 나누게 한다.

4 경건의 시간에 사용하는 노트는 주로 다음 네 가지 형식으로 기록한다. 도표를 가지고 서로 비교해 보라

제목 바른 기도란 무엇인가?	본문 마태복음 20:17-28

내용 관찰	예수님이 12제자들에게 자신을 십자가에 못 박게 할 것이고 제 삼 일에 살아난다고 말하며 가고 있는데 세베대의 아들의 어머니가 예수님께 자신의 두 아들을 각각 주의 좌편과 우편에 앉게 해 달라고 하고 있다. 하지만 예수님은 주의 좌편과 우편에 있는 자리는 자신이 주는 것이 아니라 두 형제에게 달려있다고 말하고 있다. 이에 12제자들이 주의 좌편과 우편을 원하던 두 형제에 대하여 분하게 생각하게 되었는데, 예수님은 제자들에게 누구든지 으뜸이 되고자 하는 자는 너희의 종이 되어야 한다고 말씀하셨다. 그리고 또한 예수님이 이 땅에 온 것은 섬김을 받으러 온 것이 아니라, 자신의 목숨을 다른 많은 사람들에게 대속물로 주시기 위해서 온 것이라고 말한다.
연구와 묵상	본문에서 세베대의 아들의 어머니는 예수님께 자신의 아들 두 명을 주의 좌, 우편에 앉게 해 달라고 한다. 예수님은 자신을 사모하고 진정으로 사랑하는 사람의 기도를 들어주시지 않으셨다. 그리고 주의 좌편, 우편에 앉게 되는 것은 자신이 하는 것에 따라서 다르다고 했다. 그 이유는 세베대의 아들의 어머니가 자신의 욕심에서 벗어나지 못함인 까닭이다. 예수님이 원하시는 기도가 아닌, 오직 자기 자식이 잘되어야 한다는 욕심 말이다. 이런 어머니의 기도를 들은 예수님은 "자신이 자리를 주는 것이 아니라 두 형제에게 달려있다" 라고 말하고 있다. 예수님이 이 말을 하신 이유는 두 아들의 어머니에게 예수님이 원하시는 기도는 자신의 욕심을 위한 기도가 아니라는 것을 알려주기 위해서 말씀하신 것이다.

| 제목 바른 기도란 무엇인가? | 본문 마태복음 20:17-28 |

느낌

마태복음 20장 17-28절을 묵상함으로 인해 나도 성경 속 두 아들의 어머니처럼 나만을 위한 기도만 하지 않았나, 하는 생각을 했었다. 그리고 예수님이 말씀하신 참된 기도가 무엇인지 또한 생각해 보게 되었다. 앞으로는 나만을 위한 기도가 아닌, 예수님이 원하시는 참된 기도를 해야겠다고 생각했다. 그리고 예수님이 말씀하시는 것과 같이 내가 으뜸이라는 마음이 아닌 가장 낮은 자의 마음으로 기도 해야 한다는 것도 알게 되었다.

결단과 적용

하나님이 예비하신 자리는 우리가 하는 일에 따라서 얻는 것이라고 하신 예수님의 말씀을 믿고 앞으로 내 삶에서 내 욕심으로 나 자신만을 위한 기도가 아닌 예수님이 말씀하신 기도를 해야겠다. 또한 나 자신을 으뜸으로 생각하지 말고, 섬기는 사람이 되어서 하나님의 말씀을 다른 사람들에게 전해야겠다는 생각도 했다.

★ 큐티의 4가지 유형을 비교하여 설명하면 다음과 같다.

1 **A형** 느낌만을 기록하는 형태. 본문을 읽으면서 각자가 도전받고, 감동받고, 깨달은 부분을 기록하는 형태. 큐티 초보자나 A형에 익숙한 사람이다.

2 **B형** 느낌과 함께 내용 관찰을 기록하는 것이다.

"얼마나 본문을 통해서 도전받고 새롭게 깨닫는가?"는 얼마만큼 내용 관찰을 잘했느냐에 달려 있다. 이 형태는 본문을 3번 이상 생각하면서 읽고 자신의 말로 풀어 써 본 다음 느낌을 기록하는 형태다.

3 **C형** 내용 관찰, 느낌과 아울러 실천사항을 기록한 것이다.

C형은 B형에 결단과 적용을 포함하는 형태다. 실제로 깨닫고 도전받고 감동받은 교훈을 각자 구체적으로 어떻게 실천할 것인가를 적는다.

4 D형 C형에 연구와 묵상이 더 들어간다.

큐티 중 가장 어려운 형태다. 사실 연구와 묵상이 제대로 습관화 되어 있다면 귀납적
성경 공부를 인도할 수 있는 능력이 갖추어진 것이라고 평가할 수 있을 정도로 어려
운 부분이다.

5 당신은 A, B, C, D 네 가지 형식 가운데 자신에게 어느 것이 큰 부담 없이 날마다 즐겁게 할 수 있는 형식인가?

구분	내용 관찰	연구와 묵상	느낌	결단과 적용
A형			○	
B형	○		○	
C형	○		○	○
D형	○	○	○	○

만약 이렇게 하는 것이 어렵다면 성경을 읽다가 은혜가 되는 말씀을 적는 것 정도만이라도 학생들이 지키게 한다.

6 지도자가 선택한 본문을 가지고 자신이 좋다고 생각하는 형식으로 간단히 경건의 노트를 써보라. 그리고 서로 돌아가며 발표하는 시간을 가져보자.

> 미리 준비한 본문을 가지고 QT 한 후 돌아가면서 나누게 한다.
> 처음 본문은 학생들이 익숙한 이야기를 가진 본문으로 하는 것이 좋다.

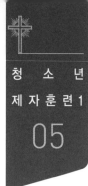

하나님의 말씀 : 성경···

<u>목 적</u> 본 과는 하나님의 말씀인 성경이 단순히 글로 쓰인 책이 아니라 살아 있고 운동력이 있는 하나님의 말씀이라는 것을 이해시키는 데 목적이 있다. 하나님께서 성경을 우리에게 주신 목적과 그 기능을 이해하는 것도 본 과의 추가적인 목적이다. 이 과를 통해 훈련받는 학생들이 성경이 주는 교훈과 책망과 바르게 함과 의로 교육함을 받겠다는 결단을 할 수 있도록 이끌어야 한다.

우리들의 삶은 기적이 필요하다. 많은 청소년들이 세상을 살아가면서 느끼는 것들은 바로 두려움이다. 자신이 원하는 대로 되지 않는 것에 대한 두려움과 새롭게 시작되는 것에 대한 두려움, 실패에 대한 두려움, 이런 두려움을 이겨내야만 청소년들은 다시 한 번 세상으로 나아갈 수 있다. 그러므로 두려움을 이겨낼 '용기' 가 필요하다. 이러한 용기는 다른 것에서 오는 것이 아니라 '믿음' 에서 나온다. 믿음이 없으면 용기도 없다. 이런 믿음은 하나님의 말씀에서 나온다.

얼마나 놀라운가! 하나님의 말씀에서 내 삶을 변화시킬 능력이 나온다는 것이 경이롭지 않은가! 하지만 많은 사람들이 마치 바리새인들처럼 하나님의 말씀과 능력을 크게 오해할 수 있다. 하나님의 말씀은 살았고 능력이 있다. 이 과를 통하여 이 사실을 경험하기 바란다.

우리는 하나님의 사랑스런 아들, 딸이다. 하나님의 자녀 된 우리는 성경 말씀을 통해 하나님과 대화하고, 하나님의 뜻을 깨닫고, 삶을 이루어 갈 수 있다. 그렇지만 성경의 많은 내용과 부피 때문에 어디서부터 어떻게 보아야 할지 모를 때가 있다. 성경을 좀 더 친근하게, 좀 더 의미 있게 볼 수는 없을까?

도입질문

1) 두려움을 이기는 것은 용기가 아니라
   믿음이라고 하는데, 무엇을 믿는 믿음을 말하는가?
2) 당신에게는 그런 믿음이 있는가?
3) 그 믿음은 어디서 오는가?
4) 말씀이 어떻게 그런 믿음이 생기게 하는 것인가?

 암송구절

"모든 성경은 하나님의 감동으로
된 것으로 교훈과 책망과
바르게 함과 의로 교육하기에
유익하니 이는 하나님의 사람으로
온전하게 하며
모든 선한 일을 행할
능력을 갖추게 하려 함이라"

(딤후 3:16-17).

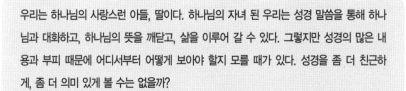

우리는 하나님의 사랑스런 아들, 딸이다. 하나님의 자녀 된 우리는 성경 말씀을 통해 하나님과 대화하고, 하나님의 뜻을 깨닫고, 삶을 이루어 갈 수 있다. 그렇지만 성경의 많은 내용과 부피 때문에 어디서부터 어떻게 보아야 할지 모를 때가 있다. 성경을 좀 더 친근하게, 좀 더 의미 있게 볼 수는 없을까?

1 성경이 살아 있는 하나님의 말씀이라는 사실을 히브리서 4장 12-13절은 어떻게 이야기하고 있는가?

살았고 운동력이 있다. 혼과 영과 관절과 골수를 쪼갠다. 우리의 마음의 생각과 뜻을 감찰한다.

심화질문

1) 살아 있고 운동력이 있다는 것은 구체적으로 어떤 상태를 말하는가?

살아 있고 활력이 있다는 것은 다른 책과 달리 사람을 변화시키고 살리는 생명력이 있다는 것을 의미한다. 성경은 살아 있기 때문에 사람을 살릴 수 있으며, 움직이는 활력이 있기 때문에 사람에게 힘을 공급해 줄 수 있다.

2 우리가 가지고 읽고 있는 성경의 저자는 누구이며, 누구를 위해 쓰였나?

하나님이 우리 인간에게

알려진 성경의 저자 - 모세, 바울, 다윗, 마태, 요한 등등

⇒ 하나님께서 이들의 사회적, 학문적 배경과 감정과 상황에 영감을 주셔서 기록하게 하심.

심화질문

1) 베드로후서 1장 21절에서 "성령의 감동을 입었다"는 말은 무슨 뜻인가?

성경을 기록하도록 부름받은 인간 저자들이 성령의 인도와 간섭을 전적으로 받은 특별한 상태를 의미한다. 이것은 받아쓰기처럼 하나님이 부르는 것을 인간 저자가 그대도 받아 적는 것이 아니라, 성령님이 각 사람의 환경, 성격, 교육 등의 모든 조건들을 활용하셨다는 것이다. 이것을 '유기적 영감설'이라고 말한다.

3 성경을 읽는 목적

1) 우리는 왜 성경을 읽어야 하는가?(자기의 생각을 적어보라.)

학생들의 자유로운 생각을 나눔.

**2) 하나님이 그분의 말씀을 적어 우리의 손에 주신 것은 두 가지의 목적이 있기 때문이
다. 그 목적은 무엇인가?**

디모데후서 3장 15절
구원에 이르는 지혜를 얻도록 하기 위해.

어떻게 성경이 우리에게 구원에 이르는 지혜를 얻게 할 수 있는가?
─성경 안에는 구원 얻는 복음의 길이 기록되어 있기 때문이다.

디모데후서 3장 17절
하나님의 사람으로 온전케 하고 모든 선한 일을 하기에 온전케 되도록 하
기 위해.
⇒ 초신자를 성숙한 신자로 만드는 일과 선한 일을 하도록 만드는 목적이 있다. 여기서 선한
일이란 삶에서의 구체적인 선한 행동과 더불어 봉사의 일도 포함한다.

심화질문
1) 온전하다는 것은 무슨 의미인가?(딤후 3:17)
본문에서 '온전하다'는 것은 완벽하다는 것이 아니라 성숙하게 된다는 의미이다.

4 성경이 정말로 살아 있는 하나님의 말씀이라는 사실은 죄인을 구원하는 복음의 능력에서 찾아볼 수 있다. 이 부분에 대하여 로마서 1장 16절은 어떻게 말씀하고 있는가?

복음은 모든 믿는 자에게 구원을 주시는 하나님의 능력이 된다.
구원받은 내가 바로 하나님 말씀이 가진 능력의 가장 큰 증거다. 나 같은 죄인을 예수 믿게 하여 영생을 얻게 한 이 사건보다 더 놀라운 능력이 어디에 있는가?

심 화 질 문

1) 여기서 말하는 복음이 무엇인가?

2) 그 복음이 당신은 믿어지는가?

3) 그 복음이 당신을 변화시킨다고 믿는가?

4) 구체적으로 어떤 점을 변화시켰는가?

5 하나님이 우리에게 성경을 주신 두 번째 목적은 우리의 신앙의 인격과 삶을 온전케 하는 데 있다고 했다. 먼저 사람을 온전케 한다는 의미가 무엇이라고 생각하는가?(참고/ 엡 4:15)

인격이 변화된다는 것이다.
그리스도 안에서 자라난다. 즉, 인격과 생각과 행동이 변화된다는 것이다. 그래서 예수 닮은 사람, 작 은 예수가 되어 간다는 의미다.

6 선한 일을 행하기에 능력을 갖추게 한다는 말은 무슨 뜻인가?(참고 / 엡 4:19-24)

변화된 삶의 표징은 "하나님을 사랑하고, 네 이웃을 네 몸과 같이 사랑하라"는 예수님의 계명을 실천하는 삶이   다. 즉, 다른 사람을 섬기는 자가 되는 준비를 한다는 의미까지 생각해 볼 수 있다.

7 우리는 온전하게 된다는 말을 지나치게 해석하지 말아야 한다. 죄를 전혀 안 짓는다거나 흠이 조금도 없는 상태를 의미하는 것이 아니기 때문이다. 이것은 하나님의 자녀가 매일 주님을 닮아가는 성화의 과정을 가리킨다. 그러므로 중요한 것은 우리가 매일 하나님의 말씀을 읽고 배우면서 어느 정도로 온전해지고 있느냐 하는 점이다. 이 점에 대해 요한일서 3장 3절은 우리에게 무엇을 교훈하고 있는가?

그가 나타내심이 되면 우리가 그와 같을 줄을 안다
이것은 우리가 아직 완전하지 않다는 것을 암시한다. 예수님에 재림하실 때에 비로소 완전하게 되기 때문이다. 따라서 3절은 우리가 비록 불완전하지만 완전의 소망을 품고 계속 성화의 과정을 걸어가고 있는 존재라는 것을 보여 준다.

심 화 질 문
1) "그가 나타내심이 되면"(요일 3:2)은 언제를 말하는 것인가?
　이것은 우리가 아직 완전하지 않다는 것을 말한다. 결국 예수님이 재림하실 때에야 비로소 완전하게 된다.

2) 그럼 그 전까지 우리는 어떤 상태인가?
　비록 불완전하지만 완전해지는 것에 소망을 품고 계속해서 성화의 과정을 가는 존재다.

8 솔직하게 말해서 자신이 1년 전에 비해 사람 됨됨이나 생활에서 어느 정도 온전해졌다고 생각하는가? 구체적인 예를 한두 가지만 들어보라.

학생들의 솔직한 이야기가 나올 수 있도록 비난하거나 우스꽝스러운 분위기가 되지 않도록 주의하면서 온전해 질 수 있는 근거가 하나님의 말씀임을 느낄 수 있게 해준다.

9 우리를 온전하게 하기 위해 성경이 가지고 있는 놀라운 네 가지 기능은 무엇인가. 그 의미를 빈 칸에 적어보라. 그리고 아래와 같은 네 가지 기능 가운데 자신이 성경을 읽을 때마다 가장 많이 체험하는 은혜는 어느 것인가?

1 교 훈 : 선악에 대해 가르치는 말씀.

2 책 망 : "유죄 판결하는 것"으로 여기서는 선악에 대해 책망하는 말씀.

3 바르게 함 : 원래 "주를 바로 세우다"의 의미다. 회개하게 하시는 역사.

4 의로 교육함 : 어린아이의 훈육과 관련된 표현으로 '훈련'이란 느낌을 더 많이 함축한다. 진리를 깊이 깨닫도록 인도하시는 가르침.

내가 가장 많이 체험하는 것은

10 우리 주변을 보면 성경은 읽는 것 같은데 아무런 변화도 나타나지 않는 사람들이 많이 있다. 성경을 읽어도 책망의 소리를 듣기 싫어하고, 회개하기 싫어하며, 공의와 정의를 행하기 싫어하는 것 때문에 진리를 듣지 못하는 사람들이 있다. 그런 상황에서도 그 문제를 대수롭지 않게 여긴다. 얼마나 답답한 상황인가? 만의 하나라도 내가 그런 사람이 아닌지 생각하고 반성해 보라.

학생들이 2-3분간 혹시 자신에게 그런 점이 있는지 조용히 생각해 보게 한다.

자신의 결단을 글로 적어보라.

문단 이상의 글로 쓰거나 훈련생들의 상태에 따라서 짧은 한 문장으로 카피처럼 만들어 보게 할 수도 있다.

【부록_성경 길라잡이】

기독교는 본질적으로 역사적 종교다. 그리스도인들이 소중히 여기며 전하고자 하는 하나님의 계시는 아무것도 없는 허공 가운데서 주시는 것이 아니라, 전개되는 역사적인 상황, 즉 이스라엘이라는 나라와 예수 그리스도라는 인물을 통하여 주신 것이다. 계시 또한 역사적 배경과 뗄 수 없고 오직 그 안에서만 이해할 수 있다.

그러나 성경의 역사는 모든 역사적 사실을 서술하고 있지는 않다. 왜냐하면 성경책이 역사책은 아니기 때문이다. 모든 책이 그 목적에 따라 쓰인 것처럼 성경 역시 목적을 가지고 쓰였다. 성경의 관심은 인류를 향한 하나님의 사랑과 구원에 있다. 그렇기 때문에 성경의 역사는 곧 구원의 이야기다.

이 거룩한 역사의 범위는 매우 넓다. 비록 그 속에는 사람들이 쓴 세계 역사상 획기적인 인간 문명에 속하는 대부분의 시대들이 빠져 있지만, 하나님의 입장에서는 인류사 전체를 처음부터 끝까지 즉, 하나님이 천지를 창조하신(창 1:1) 태초부터 새 하늘과 새 땅(계 21:1, 5)을 창조하신 마지막까지의 전부를 이야기해 주고 있다.

1 구약

성경의 가장 큰 주제는 바로 예수 그리스도이시며, 구약이 "장차 누군가 오리라"라고 말한다면, 신약은 "누군가 와 있다"와 "누군가 다시 오리라"라고 하는 것이다. 구약은 39권의 책을 모은 것인데 이 책들이 배열된 순서는 저작 연대나 취급하는 내용의 연대에 의해서가 아니라 문학적 양식에 의하여 결정된 것이다. 구약은 크게 모세오경, 역사서, 시가서, 선지서(대, 소) 4종류로 나뉜다.

★ 한 번 적어보라.

1) 모세오경

2) 역사서

3) 시가서

4-1) 대선지서

4-2) 소선지서

2 신구약 중간시대

구약의 마지막 책인 말라기와 신약의 첫 번째 책인 마태복음 사이에는 약 400년 간의 공백 기간이 있는데, 이때에는 공인된 선지자가 없었기 때문에 '침묵기'라고 불린다. 말라기 이후 하나님의 대언자는 세례 요한이다. 하나님은 그 백성에게 400 년간 침묵하셨지만 계속 활동하시며 예수 그리스도를 보낼 준비를 하고 계셨다.

3 신약

신약은 예수 그리스도의 생애, 그의 말씀과 사역, 죽음 및 부활을 이야기하고, 택하신 사도들을 통하여 행하시고 가르치기를 계속하신 것, 그리고 장차 맺을 열매에 대해 말해 준다. 신약도 구약처럼 그 특징에 따라 복음서, 역사서, 서신서, 예언서로 나눌 수 있다.

★ 한 번 적어보라.

1) 복음서

2) 역사서

3) 서신서

4) 예언서

무엇이
바른 기도인가요? ···

<u>목 적</u> 본 과는 기도가 하나님의 자녀에게 주어진 특권임을 깨닫게 하고, 기도할 때 빠지기 쉬운 함정들이 무엇인지 알려주는 데 그 목적이 있다. 그리고 무엇을 기도해야 할지, 기도의 우선순위를 깨닫도록 한다.

　"제가요, 기도 몇 번 해봤는데요, 응답이 없던데요."

　껌을 씹으며 말하던 아이가 생각난다. 어찌나 답답한 아이인지! 솔직하게 이 아이는 기도하지 않은 것 같다. 더 솔직하게 말하면 이 아이는 기도가 무엇인지도 알지 못하는 것 같았다. 하나님의 자녀에게는 하나님 앞으로 나아가는 기도 생활만큼 인생 전반에 큰 영향을 미치는 것이 없다.

　기도를 성도의 호흡이라고 비유한 말이 있다. 이는 기도의 절실함을 잘 표현하는 말이라 할 수 있다. 숨을 쉬지 않으면 아무도 살아남을 수 없듯이 기도하지 않으면 영혼의 생명을 지탱할 수 없다.

　고든의 말이 얼마나 위대한 충고인가! "오늘날 이 세상의 위대한 사람들은 기도하는 사람들이다." 기도에 대해서 말하거나 설명할 수 있는 사람이 아니라 바로 시간을 내어 기도하는 사람을 말한다. 그들은 시간이 없다. 다른 어떤 일에 시간을 보내야만 한다. 그 일은 대단히 중요하며 긴급하다. 그러나 기도만큼 중요하고 긴급하지는 않다.

도입질문
1) 당신은 기도를 어떻게 하는가?
2) 당신은 당신의 기도에 대해서 어떻게 생각하는가?
3) 하나님이 당신의 어떤 기도를 원하신다고 생각하는가?

암송구절 "아무것도 염려하지 말고 다만 모든 일에 기도와 간구로, 너희 구할 것을 감사함으로 하나님께 아뢰라 그리하면 모든 지각에 뛰어난 하나님의 평강이 그리스도 예수 안에서 너희 마음과 생각을 지키시리라"

(빌 4:6-7).

1 히브리서 4장 14-16절을 다섯 번 이상 읽고 16절을 암송하라.

위 구절을 읽고 암송하는 이유는 죄인인 우리가 거룩하신 하나님 앞에 기도를 통해 나아갈 수 있다는 확증을 얻기 위해서다. 이미 하나님은 은혜의 보좌 앞에 그리스도의 보혈을 의지하여 담대히 나아오라고 선포하고 있다. 기도 응답의 가장 큰 오해는 마치 하나님께 무엇을 맡겨둔 것처럼 우리의 필요를 요청한다는 것이다. 우리가 비록 어떤 것도 하나님께 구할 자격이 없지만 약속의 말씀을 의지하여 하나님께 구하러 나아간다는 것이 기도자의 자세인 것이다.

2 예수님은 우리에게 대제사장이 되신다. 그분은 지금 어디에 계신가?
(16절)

은혜의 보좌

<u>심화질문</u>

1) 은혜의 보좌 앞에서 기도를 통해서 얻을 수 있는 은혜는 무엇인가?

　기도를 통해서 2가지 유형을 얻게 되는 데, 첫째는 기도를 하고 난 후에 받는 응답의 은혜와

　둘째는 기도하면 자신이 변화되는 변화의 은혜다.

3 16절의 "그러므로"에 주목하라. 이 말은 우리가 기도로 하나님께 매달려도 좋을 근거가 된다. 15-16절을 서로 연결해서 검토하고 그 이유를 말해 보라.

2번에 이어서 바로 그 근거를 찾는 질문으로 이어 간다.

1) 예수님은 어떤 대제사장이신가?

예수님은 위대한 대제사장으로서 우리의 기도제목만 아시는 것이 아니라 우리의 연약함을 불쌍히 여기시는 큰 대제사장이 되신다. 그는 시험을 이기셨고 우리가 은혜의 보좌로 나아갈 때 우리를 감싸주시고, 우리의 대변자가 되셔서 우리의 기도를 대신 말씀해 주신다.

4 기도는 우리가 하나님 앞으로 나아가는 일이므로 확실히 큰 특권임에 틀림없다. 자신이 이 놀라운 특권을 함부로 하거나 소홀히 해서 영적으로 가난하고 어리석은 자가 되지는 않았는지 돌아보라.

1) 여러분은 왜 기도가 특권이라고 생각하는가?

은혜의 보좌는 아무나 들어갈 수 없는데 우리는 초청받기 때문이다.

은혜의 보좌로 초청된 우리는 더 이상 기도가 억지나 숙제가 아니라 기쁨으로 누릴 위대한 유산이기 때문이다.

5 우리가 기도할 때 피해야 할 함정이 있다. 예수님이 바리새인들의 기도를 보시고 경고하신 것은 무엇인가?

★ **마태복음** 6장 5절

기도할 때 외식하는 자와 같이 되지 말라. 사람에게 보이려고 하지 말라. 사람들에게 "나는 기도하는 사람입니다"라고 자랑하지 말라.

1) "외식" 이란 의미는 무엇인가?

사전적 의미 – 가면을 쓰고 연극하다는 뜻으로 자신의 속을 감추고 밖으로 드러내지 않는 것을 말한다.

6 주님이 기뻐하시는 기도는 어떤 것인가?

★ 마태복음 6장 6-7절
은밀한 기도 : 오직 하나님만 염두에 두고 드리는 기도.
중언부언하는 기도 : 마음에 없는 말을 형식적으로 늘어놓는 기도.

심 화 질 문
1) 중언부언하는 내용은 주로 뭐라고 생각하는가?

7 골방은 어디를 말하는 것인가? 그리고 자신의 골방에 대해 소개해 보라.

단순히 문자적인 장소보다는 오직 하나님과 교통할 수 있는 곳이 골방이다.

8 중언부언하는 기도가 무엇인지 자신의 생각을 말해 보라.

6번의 심화질문에서 다룬 내용을 좀더 다양하게 이야기해 보게 한다.

9 마음에도 없는 말을 입버릇처럼 한 기도 내용은 없는가? 자신이 중언부언으로 기도했던 경험을 적어보라.

반복기도, 긴 기도가 모두 중언부언은 아니다. 기도자 자신은 안다.

10 주기도문은 우리가 구해야 할 기도 내용에 대해 가르치고 있다. 마태복음 6장 9-13절을 가지고 기도의 내용과 우선순위에 대해 살펴보라.

★ 하나님의 영광을 위해 먼저 구해야 할 것 3가지

(1) 하나님의 나라를 구하는 기도.

(2) 하나님의 거룩을 구하는 기도.

(3) 하나님의 뜻이 이루어지기를 원하는 기도.

★ 우리의 필요를 위해 그 다음으로 구해야 할 것 4가지

(1) 일용할 양식을 구하는 기도.

(2) 죄를 용서해 달라는 기도.

(3) 시험에 들지 않게 도와 달라는 기도.

(4) 악에서 구해 달라는 기도(영적 전쟁).

11 자신의 기도에서 최우선의 관심사는 무엇인가?

10번에서 다룬 내용을 통해 우선순위를 생각해 볼 수 있다.

12 자신의 관심사와 예수님이 가르쳐 주신 관심사를 비교하면서 느끼는 것이 있으면 솔직하게 이야기해 보라.

마태복음 6장 33절을 통해 예수님이 가르쳐 주신 기도의 우선순위를 명확하게 파악할 수 있다.

13 주님이 가르쳐 주신 기도를 배우면서 자신의 기도를 수정해야겠다고
생각하지 않는가? 그렇다면 어떻게 바꾸어야 할까?

기도문을 작성하도록 한다.

기도의 응답 · · ·

<u>목 적</u> 본과는 기도의 정의에 대해서 살펴보고 기도는 반드시 선하게 응답된다는 사실
을 깨닫게 하는데 그 목적이 있다. 본과를 통해 기도 응답의 방해물들을 찾아보
고, 약속의 말씀을 붙들고 기도하도록 도우며, 지체되는 기도 응답에 대해 소망
을 갖도록 돕는다.

"나는 과연 얼마나 많은 기도의 응답을 받았고, 받고 있는가?" 란 질
문에 자신 있게 대답할 수 있는 학생들이 많지 않을 것이다. 그리고 받
았다 하더라도 구체적인 사례를 말할 수 있는 사람들도 그리 많지는 않
을 것이다.

하지만 성경을 보면 기도에 대한 응답은 예수님이 여러 차례 말씀하
고 계신 약속이었다. 그만큼 응답에 대한 확실성에 대해서 말씀하고 계
신 것이다. 만일 마땅히 응답을 받아야 할 일이고, 정상적으로 기도했
는데 아무것도 얻지 못했다면, 그것은 하나님 스스로 그의 영광에 손해
를 끼치신 것이다.

그러므로 기도의 응답을 받지 못하면 하나님의 약속이 능력이 없어
서가 아니라 기도하는 우리에게 문제가 있거나, 응답이 내가 원하는 것
이 아니라 하나님이 원하시는 것으로 나타나기 때문이다.

<u>도입질문</u>
1) 무엇이 바른 기도라고 생각하는가?
2) 우리가 기도드리는 대상인 하나님은 어떤 분이라고 생각하는가?

암송구절 ·······························

"너희가 내 안에 거하고 내 말이

너희 안에 거하면 무엇이든지 원하는 대로 구하라

그리하면 이루리라"(요 15:7).

1 예수님이 기도의 응답에 대해 어떻게 말씀하셨는지 마태복음 7장 7-11절을 읽어보라. 이 중에서 자신이 즐겨 외우는 구절이 몇 개나 되는지 살펴보라.

구하면 주신다. 아버지는 구하는 자식을 절대 외면하지 않으신다.

2 기도의 응답을 확신시켜 주려고 같은 의미의 말씀을 어떻게 바꾸어 가면서 다짐하고 있는가를 주의해서 보라(7-8절).

"주실 것이요", "찾을 것이요", "열릴 것이니라" 응답의 약속을 삼중으로 강조

심화질문
1) 당신은 기도 응답을 확신하는가?

3 9-11절에서 하나님은 자신을 세상의 아버지와 비교하고 계신다. 그리고 두 가지 비유로 예를 들면서 힘주어 다짐하고 또 다짐하시는 약속이 있다. 그것이 무엇인가?

반드시 선한 응답을 주겠다고 확증하심

심화질문
1) 본문에서 나오는 떡과 생선, 돌과 뱀은 무엇을 의미하는가?
    떡과 생선은 선한 응답이고, 돌과 뱀은 악한 응답을 말한다.
    이런 하나님께서 나의 기도에 선한 응답 주실 것을 확신하는가?

4 우리는 이 정도의 다짐에도 번번이 하나님을 의심하는 버릇이 있다. 자신의 경우를 한 번 이야기해 보라.

심화질문

1) 제자훈련을 받기 위해서 기도해 보았는가?

2) 만약 "예" 라고 대답했다면, 지금 훈련받는 것은 기도 응답이라고 생각하는가?

3) 이 훈련이 자신에게 하나님의 선한 응답이라고 확신하는가?

4) 만약 아니라면 어떤 부분이 아니라고 생각하는가?

5 11절 말씀을 순수하게 받아들인다면 한시바삐 하나님 앞으로 달려가서 속사정을 다 털어놓고 싶은 충동을 느껴야 정상이다. 우리 마음에는 이런 충동이 어느 정도 일어나고 있는가?

학생 각자의 느낌을 묻고, 충동이 잘 일어나지 않는다고 하면 자연스럽게 6번 질문으로 넘어가라.

심화질문

1) 어떤 점에서 하나님 앞으로 달려가는 것이 어렵다고 느끼는가?

6 아래의 성구들을 검토하면서 응답을 방해할 수 있는 것들이 무엇인가를 알아보자.

★ **이사야** 1장 15절
다른 사람에게 해를 입히시는 것, 사람과 사람 사이에 생긴 갈등, 범죄 때문에.

★ **마태복음** 6장 14-15절
자신이 먼저 빚 탕감 받은 자임에도 불구하고 타인을 용서하지 못하고, 미워하는 마음을 가지고 있을 때.

심 화 질 문

1) 혹시 요즘 관계가 불편한 사람이 있는가?
2) 이 문제를 해결하기 위해 어떻게 하면 좋겠는가?
3) 만약 시간이 지나도 관계의 문제가 해결되지 않는다면 하나님은 어떻게 생각하실까?

★ **야고보서** 1장 6-7절(참고/막 11:24)
구하여 놓고 의심하는 것.

★ **야고보서** 4장 3절
구하여도 받지 못함은 정욕으로 쓰려고 잘못 구하기 때문이다.

심화 질문

1) 정욕이란 무엇인가?

요한일서 2장 16절, 육신의 정욕, 안목의 정욕, 이생의 자랑을 말한다.

우리가 기도할 때 우리의 기도제목이 정욕임을 알 수 있는 방법은 그 기도제목이 무엇을 위한 것인지 점검해 보면 된다. 만일 하나님의 영광을 위한 것이 아니라면 그것은 정욕을 위한 것임을 알아야 한다. 혹시 정욕을 위한 기도제목으로 응답받지 못한 경험이 있는가?

7 어떻게 하면 응답을 빨리 받을 수 있는지에 대해 모세가 우리에게 가르쳐 준 방법이 하나 있다. 먼저 출애굽기 32장 7-8절을 읽어보라. 하나님이 진노하신 이유가 무엇인가? 그리고 11-13절을 읽고 모세가 이스라엘 백성을 위해 간청한 내용이 무엇인지 살펴보라.

모세는 죄 지은 이스라엘 백성들을 용서해 달라고 하나님께 기도했다. 특별히 13절을 보면 모세는 하나님이 일찍이 아브라함과 이삭과 야곱에게 하신 약속(땅과 자손)을 상기시키며 이스라엘 백성들을 용서해 달라고 간구하고 있다.

8 하나님이 응답이 얼마나 빠른가를 주의해서 보라(14절).

하나님께서는 즉각적으로 분노를 누그러뜨리시고 모세의 말을 받아들이셨다.

9 모세가 응답을 빨리 얻어낼 수 있었던 것은 "주께서 그들을 위하여 주를 가리켜 맹세하여 이르시기를"(13절) 이라고 하는 하나님의 약속을 붙들고 매달렸기 때문이다. 왜 약속의 말씀을 들고 나아가면 응답을 빨리 해주시는가?

하나님은 약속을 반드시 지키시는 신실한 분이시기 때문이다.

10 기도의 응답을 얻기 위해 하나님이 약속하신 말씀을 얼마나 자주 들고 나가는지 자신을 돌아보라. 그리고 실제로 들고 나아간 약속의 말씀은 무엇이며, 그 응답은 어떠했는지 예를 하나 들어 보라.

각자 기도할 때 의지하는 약속의 말씀을 나누어 본다(예: 창세기 12장 1-3절, 여호수아 1장 6-9절).

11 기도의 응답이란 눈을 뜨자마자 금방 손안에 쥐어지는 그런 것이 아니다. 물론 응답이 한두 시간 안에 올 때도 있다. 그러나 대부분의 기도 응답은 낙심하지 않고 오랜 시간 기다릴 때 찾아온다. 오랜 기도 후에 받은 응답 하나를 소개해 보라.

창세기 28장 20-22절, 야곱의 기도가 20년 후에 이루어졌음을 참고하여 설명한다(창 31:13).

12 자신의 기도 생활에 대해서 다른 학생들과 비교하면서 고쳐야 할 것이 없는지 살펴보라.

기도 체크리스트

1) 구체적으로 기도하고 있는가?

2) 약속의 말씀을 붙잡고 기도하는가?

3) 기도의 목적이 바른가?

4) 기도 시간의 우선순위는 명확한가?

5) 규칙적으로 기도하는가?

6) 골방기도를 실천하고 있는가?

7) 중언부언하지는 않는가?

청 소 년
제 자 훈 련 1
08

참된 예배 · · ·

<u>목 적</u> 믿음을 통하여 하나님께서 기뻐하시는 예배를 드릴 수 있음을 이해시킨다. 예배의 영역을 이해하여 공예배뿐만 아니라 삶 속에서도 바른 예배를 드릴 수 있도록 도와준다. 참된 예배자로서 일상에서 드려지는 모습을 고백하게 하고 결단하게 한다.

주일마다 참석하는 예배, 과연 우리는 이런 예배에 대해서 어떤 생각을 가지는가? 많은 학생들이 무의미하게 여기거나, 의식 없이 그저 예배에 참석하는 것으로 만족하고 만다. 때로는 예배드리지 않으면 어떤 좋지 않은 벌이라도 받을까 봐 무서워서 예배에 참석하는 친구들도 있다.

하지만 예배는 그런 것이 아니다. 하나님이 허락하신 예배는 능력과 회복이 있고, 감사함과 감동이 있다. 우리는 이런 예배를 위해 준비해야 한다. 이번 과를 통해서 능력 있는 예배에 대해 배우며, 예배에 대한 바른 정의를 세우는 시간이 되기를 소망한다.

도입질문
1) 그대로 1번 질문으로 시작하면 된다.

암송구절 ··

"하나님은 영이시니 예배하는 자가

영과 진리로 예배할지니라"(요 4:24).

1 맞아 맞아 Best3, 예배시간 이런 사람 꼭 있다.

  1) 오자마자 연예인, 뒷담화 등 세상 이야기만 늘어놓는 사람.
  2) 찬양 시간에 주보만 보고 있는 친구.
  3) 설교 시간에 다리 흔들거나 다리 꼬고 있는 사람.

우리는 예배가 하나님 앞에 드려지는 것임을 알면서도 마치 하나님께서 계시지 않은 것처럼 드릴 때가 많이 있다. 만약 이런 모습으로 예배드리는 우리와 함께 예수님께서 예배드린다면 예수님은 어떤 마음일지 한 번 이야기해 보자.

2 예배는 왜 드려야 하는 것인가? 그리고 어떤 모습으로 드려야 하는가? 지금 나의 모습과 비교하여 함께 이야기해 보자.

예배는 사람이 아닌 하나님 앞에 드려지는 것이다. 그러므로 정결한 몸과 마음으로 예배드려야 한다. 하나님께 믿음, 소망, 사랑으로 예배드려야 한다. 준비되고 사모하는 자의 예배를 하나님께서 기뻐하신다.

창세기 4장 1-9절을 읽고 다음을 이야기해 보라.

3 하나님께 두 사람이 제사를 드렸지만 하나님은 아벨의 제사만 받으셨다. 왜 아벨의 제사만 받으셨는가?(4절)

아벨은 양의 첫 새끼와 그 기름으로 제사를 드림.

심 화 질 문

1) 하나님께서 원하시는 거룩한 제사는 무엇인가?

모양과 능력 모두를 요구하신다. 모양에 있어서는 흠이 없고 온전한 것이어야 한다(레22:21). 부정해서는 안 된다(레 27:11, 27). 의로운 제물이어야 한다(말 3:3). 감사로 드려야 한다(시 27:6).

2) 하나님께서는 아벨의 제사를 어떻게 여기셨는가?

아벨은 믿음의 제사를 드렸다. 그것은 단순히 제물만의 문제가 아니었다. 하나님께서 그의 제사를 기쁘게 흠향하신 이유는 그가 하나님이 보시기에 합당한 믿음의 삶을 살았기 때문이다.

4번으로 자연스럽게 넘어간다.

4 성경은 하나님이 아벨의 제사를 받으신 이유를 어떻게 말하고 있는가? (히 11:4)

아벨은 믿음으로 제사를 드렸기 때문이다.

믿음을 바탕으로 한 아벨의 예배는 하나님께서 기쁘게 받으셨다. 그로 인해 아벨은 의로운 자란 증거를 얻었다. 예배의 모습은 우리의 신앙을 드러낸다고 할 수 있다.

5 하나님은 가인의 제사를 받지 않으셨다. 5-9절을 통해 다음을 이야기해 보라.

1) 가인은 어떤 사람이었는가? 다섯 글자로 표현해 보라.

믿음 없는 자, 교만한 사람, 사랑 없는 자, 이기주의자 등.
믿음이 없고 분을 내며 죄 많은 자의 모습.

2) 하나님이 가인의 제사를 받지 않으신 이유는 무엇인가?

가인의 삶은 하나님이 보시기에 그리 아름답지 못했다.

심 화 질 문

1) 창세기 4장 5-7절에서 나타난 가인은 어떤 모습인가?

그는 자신보다 아우의 제사가 택함받았다는 것을 참지 못했다. 이것은 평소 그의 모습을 잘
보여 준다. 또한 7절을 통해서는 그의 삶이 그리 '선' 하지 않았다는 것을 알 수 있다.

2) 히브리서 13장 15-16절에서는 하나님께서 기뻐하는 제사가 무엇이라고 말하는가?

찬송의 제사, 선을 행함과 나누어 주는 것, 하지만 가인은 감사 찬송의 제사도 아니고, 선을
행하지도 않고, 형제를 사랑하기는커녕 동생을 돌로 쳐 죽이는 참혹한 짓을 저질렀다. 이것만
으로도 하나님 보시게 그의 제사, 아니 그의 삶 자체가 문제였다.

> 우리는 가인이 하나님을 대하는 태도와 하나님이 하시는 말씀을 통해 그가 어떠한 사람인
> 지, 그의 평소 생활이 어떠한 지 알 수 있다. 여기서 우리는 우리의 예배가 예배를 드리는
> 그 순간만이 아닌 평소의 삶과 이어짐을 알 수 있다.

가) 요한복음 4장 19-26절을 읽고 다음을 이야기해 보라.

6 예수님은 여인의 잘못된 생각을 고쳐 주신다. 여인이 잘못 생각하고 있
던 것은 무엇인가?(20-22절)

여인은 예배드릴 수 있는 장소를 그리심 산 내지는 예루살렘으로만 믿고
있었다. 하지만 우리의 예배는 교회뿐만 아니라 우리의 모든 삶이 예배의
장소와 시간이 된다. 예수님은 우리의 삶 자체가 하나님이 기뻐 받으시는

예배가 되어야 함을 사마리아 여인을 통해 말씀하고 계신다. 하나님께서는 우리와 항상 함께하시기 때문이다. 교회에 있을 때만 하나님과 함께하는 것이 아니라 우리의 삶에서 어디든 언제든 우리는 하나님과 함께하고 있는 것이다. 삶 속에서 하나님을 의식하며 사는가 아니면 하나님 없는 것처럼 제멋대로 사는가는 그 사람의 믿음을 나타내준다.

우리는 예배 드리는 장소를 예배당이라고만 생각한다. 하지만 예수님은 예배당이 아니라 우리가 예배해야 하는 때가 있으니 그때가 바로 지금이라고 말씀하신다(23절). 우리는 언제 어디서든 예배드려야 한다.

7 가인과 아벨의 제사를 통하여 예수님이 이야기하시는 것이 무엇인지 말해 보라.

1) 참으로 예배하는 자

믿음을 가지고 예배하며 삶 속에서 하나님의 뜻대로 살아가는 자.

2) 영과 진리로 드리는 예배

영(Holy Spirit)으로 드리는 예배 – 우리가 드리는 예배는 비록 우리가 드리는 것 같지만 그 예배의 대상이자 주체는 하나님이시다. 우리는 우리의 힘과 의지가 아닌 성령님의 힘에 의지해서 하나님 앞으로 나아가야 한다.

진리로(진정) – 진리로 드리는 예배란 말씀에 입각하여 드리는 예배다.

심화 질문

1) "영과 진리으로 예배할지니라"(요 4:24)는 무슨 의미인가?

   성령 안에서 진리인 말씀에 입각하여 예배하라는 말이다. 이런 예배를 하나님께서 기뻐 받으신다.

2) '영과 진리로' 예배한 경험이 있는가? 그렇지 못하였다면 그 이유를 말해 보라.

   예배는 단순히 예배당에서 드려지는 예배의 행위로만 이루어지는 것이 아니다. 예배는 우리가 살아가는 삶과 밀접한 관계를 가지고 있다. 우리의 삶에 문제가 있으면 하나님께서 기뻐하시는 예배가 될 수 없다.

3) '일상에서의 예배'가 과연 가능한가?

   앞에서 말한 것과 같이 우리의 예배는 장소나 시간으로 제한받지 않는다. 마치 내 팔, 내 발가락, 내 어깨, 내 머리 모두 나인 것처럼 예배도 마찬가지다. 우리의 모든 삶은 예배와 연결되어 있으며, 떼려야 뗄 수 없는 관계이다. 일주일 동안 마음대로 살고, 주일에 가서 예배만 드린다면 그것이 바로 가인의 예배가 아니겠는가!

8 아벨의 제사처럼 우리의 예배는 믿음의 예배가 되어야 한다. 그렇다면 우리 믿음의 주체는 누구인가?(25-26절)

예수님

9 참으로 예배하는 자로서 우리는 일상생활 속에서 어떠한 예배를 드려야
하는가?

1) 가정에서

2) 학교에서

3) 교회에서

공예배와 삶 속의 예배가 균형을 이뤄야 한다. 이것은 언제 어디서나 신령과 진
정으로 하나님께 예배드려야 함을 말한다. 언제 어디서나 우리의 중심이 하나님
을 향해 있고, 성령을 의지하며, 말씀이 기준이 되어 사는 자가 참된 예배자다.

심 화 질 문
1)히브리서 13장을 읽어보고 내 삶에서 이루어져야 할 예배가 무엇인지 말해
보라.

믿음의 친구와의 교제
(성도간의 교제)···

<u>목 적</u> 그리스도 안에서 우리가 하나 됨을 깨닫도록 한다. 서로의 다양성을 인정하며
하나 될 수 있음을 알려 준다. 성경에서 말하는 하나 됨을 이해하고 앞으로의 삶
을 결단할 수 있도록 도와준다.

"십자가 아래서 땅에 있는 모든 사람은 평등하다"고 말한 사람이 있
다. 이 말이 맞다면 모든 그리스도인들에게는 하나님의 가족으로서 친
밀한 구성원이 될 특권이 있다. 우리는 다른 사람들에게 배우고 서로
용기를 북돋아야 한다.

그리스도인들이 함께 모여서 서로 세워 줄 때 참다운 성도의 교제가
이루어진다. 그리스도인들 사이에서 왕따는 있을
수 없다. 하나님은 모든 그리스도인들이 믿음
의 가족으로서 지역 교회의 활발한 구성원
이 되기를 원하신다.

<u>도입질문</u>

1) 교회에서 누군가에게 도움을 받아 본 적이 있는가?

　그 당시 자신의 상황과 느낌에 대해서 묻는다.

 암송구절

"새 계명을 너희에게 주노니

서로 사랑하라 내가 너희를

사랑한 것같이

너희도 서로 사랑하라"(요 13:34).

1. 그리스도의 몸

1 그리스도의 몸이란 무엇을 말하는가?

고린도전서 12장 27절

우리는 그리스도의 몸으로 그 몸의 각 지체다.

심 화 질 문

1) 본문에서 말하는 '지체'란 무슨 의미인가?

NIV 성경은 '몸'을 'the body of Christ'라고 말한다. 다시 말하면, 몸을 의미한다. 그리고 '지체'를 'a part of it'으로 말하고 있다. 이것은 몸의 일부를 말한다.

에베소서 1장 23절

'교회'를 의미한다.

2 몸의 머리는 누구인가?

에베소서 1장 22절

'예수님'을 의미한다.

심 화 질 문

1) 성경은 왜 예수님께서 교회의 머리라고 말씀하는가?

모든 만물은 그리스도의 발아래에 복종되고 다스려져야 하는 존재다. 하지만 몸과 머리는 단순히 명령하고 복종하는 관계로만 보아서는 안 된다. 몸과 머리는 한 몸이라는 사실을 잊지 말라.

2) 몸과 머리의 관계를 에베소서 5장 23-25절을 참고하여 말해 보라.

이런 표현은 단순히 몸인 교회가 그리스도 발 앞에 꿇어 엎드려서 비인격적이거나, 불합리한 존재로서 설명하려는 것이 아니다. '교회를 사랑하시고', '자신의 몸을 주심'과 같이 말씀하는 것으로 보아 그리스도의 몸의 일부로서 소중한 존재임을 알 수 있다.

3 각 지체는 누구인가?

로마서 12장 5절
그리스도 안에서 한 몸인 사람 - 그리스도 안에 있는 모든 사람

즉, 우리는 그리스도가 머리 되신 한 지체로서 그리스도 안에 있는 모든 사람은 하나 됨을 알아야 한다. 따라서 우리는 예수님께서 하신 말씀 "내 이웃을 내 몸과 같이 사랑하라"는 그 말씀을 따라서 그리스도 안에 한 지체로서 서로 사랑하며 살아야 한다.

그리스도의 몸은 예수님을 믿음으로써 하나님과 다시 화목한 그리스도인들의 공동체, 즉 교회를 말한다. 그것은 생명적 유기체요, 한 가족과도 같다.

2. 대원칙-하나 됨

1 에베소서 4장 1-17절을 읽어보라. 이미 '하나'인 것은 무엇인가?

성령, 믿음, 몸, 세례, 하나님

2 그리스도의 몸은 몇 개인가?

한 몸

심 화 질 문

1) 4장 4절에서 '몸'은 어떤 의미인가?

원어로 '소마'인데, 이것의 문자적 의미는 '생물체로서 인간의 육체'다. 이것은 인간의 육체처럼 지체간에 상호 밀접하게 연결되어 있는 유기체를 말하며, 서로 분리될 수 없는 관계를 의미한다. 바울은 이런 '하나의 몸'을 말하면서 그리스도의 공동체가 하나라는 사실을 깨우쳐준다. 서로 분쟁하거나 분열하는 것이 아니라 오직 여러 지체가 서로 같이하며 사랑하는 삶을 제시한다.

3 이미 하나인가? 아니면 하나가 될 것인가?

이미 하나다.

3절 '평안의 매는 줄로 성령의 하나 되게 하신 것' 이미 우리는 그리스도 안에서 하나 되었으며, 우리는 그것을 힘써 지켜야 한다.

우리는 이미 그리스도의 십자가 죽으심과 성령의 은혜로 모든 그리스도인들과 한 생명을 나누었다. 내가 싫어하는 지체가 있어도 이미 그와 나는 하나인 것이다. 문제는 우리가 이미 하나인 것을 그렇지 않은 것처럼 생각하며 산다는 것이다.

4 그렇다면 이제 우리의 할 일은 무엇인가?

1) 1-3절 : 그리스도 안에서 하나임을 깨닫고 모든 겸손과 온유로 하고 오래 참음으로 사랑 가운데서 서로 용납하며 하나 됨을 지키기 위해 노력해야 한다.

2) 13-16절 : 그리스도를 아는 일에 하나 되어 온전한 사람을 이루고 그리스

도의 장성한 분량이 충만한 데까지 이르러야 한다.

3. 다양성의 이해

비록 그리스도인들이 그리스도 안에서 하나가 되었지만 여러 면에서 서로 다른 점이 많다. 서로 상대방의 다른 점을 이해할 때 그리스도의 하나 된 몸을 이룰 수 있다.

1) (은사)가 다르다(고전 12:8-11; 롬 12:4-8).

이렇게 서로 다른 은사를 주신 목적은 무엇인가?(엡 4:12)

성도를 온전케 하며 봉사의 일을 하게 하며 그리스도의 몸을 세우기 위함이다.

16절 : 성도들은 사랑 안에서 각 지체를 통해 도움을 얻으며, 서로 상합하여 그 몸이 자라며 세워지는 데 목적이 있다.

2) (믿음)의 정도가 다르다 (롬 14:1, 3)

성숙한 크리스천 십대라면 그리스도 안에서 믿음이 강하지 못한 친구의 반응에 민감해야 할 것이다. 그런 친구가 실족하거나 죄에 빠지지 않도록 행동을 조심해야 한다.

★ 나의 무분별한 행동으로 믿음이 약한 친구에게 해가 되거나 실족하게 했던 적은 없는가? 내가 자제해야 할 행동은 어떤 것이 있을까?

솔직한 모습들을 이야기할 수 있도록 돕는다.

4절 : 저를 세우는 능력이 하나님께 있음을 알아야 한다. 또한 믿음이 약한 친구가 더 큰 믿음이 생길 수 있도록 도와야 한다. 나의 부족함 역시 다른 사람의 도움을 통해 더욱 성장할 수 있다.

3) 인간적인 (조건)이 다르다.

그리스도의 몸인 교회 안에 편견과 차별이 있다면 그것은 하나님의 법을 어기는 것이고, 교회의 기능을 파괴하는 것이다. 우리는 모두 하나다. 부유한 사람이나 가난한 사람이나, 젊은 사람이나, 늙은 사람이나, 남자나 여자나, 공부를 잘하거나 못하거나 모두 그리스도 안에서 하나이며 차별이란 있을 수 없다. 만일 외모로 사람을 취하면 그리스도의 몸의 일치와 조화와 하나 됨을 파괴하는 것이다.

★ 혹시 친구를 외모로 판단하지는 않는가?

하나님은 사람을 외모로 취하지 않으시고 그 중심을 보셨다. 하나님의 사람으로서 외모로 사람들을 평가할 것이 아니라 그리스도의 사랑으로 하나 됨을 위해 노력해야 합니다.

4. 그러므로 서로 사랑해야 한다.

1) 새 계명

요한복음 13장 34절
하나님께서 우리를 사랑하신 것처럼 우리도 서로 사랑해야 한다.

35절 : 우리가 하나님의 제자인 줄 알리라. 예수님께서 직접 보여 주시고 가르치신 그 사랑을 실천하는 자만이 하나님의 제자라고 불릴 수 있다. 원수였던 우리를 위해 자신의 생명까지 아끼지 않으신 예수님의 사랑을 생각하고 그 사랑으로 서로를 사랑해야 한다.

2) 참 사랑은 말보다는 무엇으로 나타나야 하는가?(요일 3:18)

행함과 진실함으로 해야 한다.
예수님께서도 자신의 사랑을 그 십자가에서 확인시키셨다.

3) 초대교회는 이 사랑을 어떻게 표현했는가?(행 4:32)

2장 43-47절과 함께 이야기하라.
예수님의 사랑을 깨달은 초대교회 사람들은 자신을 사랑하듯 서로가 서로를 사랑했다. 자신이 가진 재산을 팔아 가난한 사람들과 함께 나누고 아름다운 성도의 교제를 나누었다.

5. 교제의 결과

그리스도인들의 교제가 짙고 깊어지면 다음과 같은 결과가 나타난다.

(1) 사도행전 2장 46-47절

모이기를 힘쓰고 하나님을 찬양하며 다른 사람에게 칭송받고 구원받은 사람이 점점 늘어난다.

성도의 아름다운 교제는 그리스도를 믿는 믿음 안에서 이루어져야 한다. 따라서 아름다운 교제의 결과는 하나님을 더욱 찬양하고 구원받는 자들이 늘어나는 당연한 결과가 나타나야 한다.

(2) 갈라디아서 6장 2절

서로의 짐을 나누어 짐

"네 이웃을 네 몸같이 사랑하라"는 그리스도의 법이 성취되는 것이다. 그리스도께서 우리의 죄를 대신 짊어지시고 자신의 생명을 주셨던 것처럼 우리도 서로 사랑해야 한다.

(3) 베드로후서 3장 18절

그리스도를 아는 은혜와 지식이 자라난다.

(4) 로마서 15장 16절

이방인을 위해 하나님의 일꾼이 됨

선민사상을 가진 이스라엘 백성이 이방인을 섬기는 모습은 그 당시 상상할 수 없는 일이었다. 아름다운 성도의 교제는 상상할 수 없는 일들을 하게 하고 지금 우리에게까지 복음이 전해지는 놀라운 결과를 낳게 하였다.

*이러한 교제의 결과를 얻기 위해 내가 노력해야 할 부분은 어떤 것이 있는가?

그리스도인이 독자적으로 신앙생활을 할 때 그 성장은 매우 느리다. 왜냐하면 정상적인 친교 속에서만 참다운 신앙의 발전이 있기 때문이다. 먼저 매일 아침 말씀을 읽고 기도하는 하나님과의 교제가 선행되어야 한다. 또한 매 주일 하나님께 예배하는 교제가 있어야 한다. 그 다음에 교회(분반 모임, 사역 팀 등)에서 그리고 자신의 생활 터전에서(가정, 학교 등) 믿는 친구들과의 교제를 찾아야 한다. 그렇게 할 때 우리는 하나님 앞에서 올바르게 성장할 것이다.

하나님의 비전을 품으라 . . .

<u>목 적</u> 예수 그리스도의 제자는 자신을 위해 하나님께서 놀라운 계획을 가지고 계심을 인식하고 그 계획과 꿈을 위해 기도하며 준비해야 한다.

우리가 하나님께 영광 돌린다는 것은 우리의 삶을 통해 무엇인가 하나님을 위해 하는 일일 것이다. 하지만 그것을 하기 전에 우리는 하나님이 우리에게 원하시는 것을 먼저 찾아야 한다. 하나님은 하나님의 거룩한 일들을 이루시기 위해서 우리를 창조하셨다. 우리들은 이렇게 하나님이 주신 계획과 목적들을 이루기 전에는 여전히 가슴 한가운데 커다란 구멍이 난 것처럼 허무함과 공허감에 사로잡혀 있을 수밖에 없다.

우리는 분명 에베소서에서 말하고 있는 것처럼 예수님 안에서 선한 일을 위하여 지음 받은 위대한 하나님의 피조물이며 하나님의 자녀라는 사실을 잊어서는 안 된다. 그렇기에 하나님의 뜻을 이루기 위한 우리의 도전과 수고는 계속되어야 한다.

우리가 계획하거나 꾸는 꿈이 과연 하나님이 주신 비전인지 어떻게 알 수 있을까?

학생들과 카툰을 보며 함께 이야기 나눈다. 서로의 꿈이나 장래 희망에 대해서 이야기하며, 그것이 과연 하나님이 나에게 원하는 것인지 아닌지 어떻게 알 수 있는지 서로에게 이야기해 보도록 한다.

도입질문
1) 자신의 나이별로 어떤 꿈이 있었는가?
예시) 초등학교 저학년 나의 꿈은?
　　　초등학교 고학년 때 나의 꿈은?
　　　중학교 1학년 때 나의 꿈은?

"우리는 그의 만드신 바라 그리스도 예수 안에서 선한 일을 위하여 지으심을 받은 자니 이 일은 하나님이 전에 예비하사 우리로 그 가운데서 행하게 하려 하심이니라"

(엡 2:10).

1 누구에게도 자신 있게 말 할 수 있는 꿈이 있는가?

도입질문과 함께 바로 진행하여 질문한다.

2 그 꿈을 꾸게 된 동기는 무엇인가? 그리고 그 목적은 무엇인가?

학생들이 바라는 꿈의 출처에 대한 질문이다. 학생들이 꾸고 바라는 희망
은 여전히 텔레비전이나 어른들의 소망이 아이들에게 그대로 전가된 것들
이 많다. 그렇지 않을지라도 그 꿈에 대한 목적이 하나님의 계획이나 하나
님을 위한 것이라기보다는 자신의 이익이나 욕심에서 비롯되었다는 것들
이다. 이것을 지적해 주어야 한다. 그래서 다시 한 번 하나님이 바라시는
꿈, 비전에 대한 질문을 해야 한다.

민수기 14장 1-25절을 읽고 이야기 나누어 보라.

3 하나님이 이스라엘 백성을 출애굽하게 하신 뜻은 무엇인가? 그리고 여
  호수아와 갈렙의 비전은 무엇인가?(7-8절)

1) 이스라엘 백성에 대한 하나님의 뜻

하나님께서는 모세를 통하여 이스라엘 백성에 대한 하나님의 뜻을 나타내고 계시다.
출애굽기 3장 8절에서 이스라엘백성을 자신의 백성이라 일컬으시며, 애굽에서 건져내
어 가나안 땅으로 인도할 뜻을 모세에게 분명하게 밝히고 계신다.

2) 여호수아와 갈렙의 비전

하나님께서 약속하셨던 아름다운 가나안 땅에 들어가 하나님을 기뻐하는 것.

4 이스라엘 백성에 대한 하나님의 뜻과 여호수아와 갈렙의 비전을 통해 우리가 알 수 있는 것은 무엇인가?

우리의 비전은 하나님께서 우리에게 향하신 계획이다.

심화질문

1) '비전' 이란 무엇인가?

많은 크리스천 학생들은 비전에 대해 오해한다. 자신이나 부모님의 개인적인 목적과 욕심에서 비롯된 욕망을 마치 하나님이 자신에게 준 비전이라고 생각한다. 하지만 오늘 본문을 통해 비전에 대한 바른 정의를 내릴 수 있다. "비전이란 하나님이 행하기 원하시는 것들에 대한 청사진(그림)이다." 결국 비전이란 개인의 욕심이나 허황된 꿈으로 그려지는 것이 아니라 하나님이 원하시는 것을 보고 그분과 함께 그것을 행하는 것이라 할 수 있다.

이스라엘 백성을 향한 하나님의 뜻은 이스라엘 백성들로 하여금 애굽에서 나와 하나님이 정하신 가나안 땅에 들어가 행복한 삶을 사는 것이었다. 여호수아와 갈렙이 품은 비전은 하나님의 뜻 안에서 이루어졌다. 그 비전은 하나님이 여호수아와 갈렙에게 심어 주신 것이다.

5 이스라엘 백성 앞에 큰 장애물이 생겼다. 그 장애물은 무엇인가? 그리고 내 꿈을 이루는 데 있어서 가장 큰 장애물은 무엇이라고 생각하는가?

1) 이스라엘 백성

이스라엘에서는 12명의 정탐꾼을 보내어 가나안을 정탐하게 하였다. 그중 10명의 정탐꾼은 그 지역에 사는 거인 네피림과 우수한 무기를 보고 두려워하며, 하나님과 하나님의 지도자인 모세를 원망하고, 하나님의 계획을 무시하였다.

2) 나의 꿈

나의 꿈이라고 여겼던 것들에 대해서 기도한다. 그리고 그 비전이 하나님께서 나에게 준 비전이라 여기고 막상 실행하려고 했을 때, 허락지 않는 현실의 상황들로 포기했던 경험을 이야기한다. 혹시 그런 상황에서도 기도로서 그것을 이룬 경험이나, 실패한 경험에 대해서도 서로 이야기할 수 있도록 하자.

> Tip.
> 학생들이 이야기를 꺼려하면 인도자가 먼저 비전을 잘못 판단하여 실패하였던 경험을 이야기한다. 비전의 장애물 앞에서 선택했던 것들을 이야기하고, 학생들이라면 그런 상황에서 어떤 것을 선택했을지 질문하도록 하자.

6 하나님은 이스라엘 백성에게 가나안 땅을 취하라고 말씀하셨다. 그런데 그곳에는 거인 같은 아낙 자손이 살고 있었다. 그에 대해 10명의 정탐꾼과 2명의 정탐꾼은 서로 다른 반응을 보였다. 각각 다른 반응을 적어보라.

*10명의 정탐꾼

그 땅의 거인들을 보고 두려워하였으며 하나님과 모세를 원망했다.

*2명의 정탐꾼 (여호수아, 갈렙)

하나님의 계획을 믿었으며 담대하게 외쳤다. "하나님의 우리를 기뻐하시면 우리를 그 땅으로 들이시고 그 땅을 우리에게 주실 것이다. 그 땅 백성들을 두려워 말라. 그들은 우리의 먹이라. 그들의 보호자는 그들에게서 떠났고 하나님은 우리와 함께하시느니라."

심화 질문

1) 나는 과연 어떤 사람인가? 비전을 가로막는 장애를 만났을 때 나는 어떤 모습과 같은가?

7 누가 보아도 두려울 수밖에 없는 아낙 자손을 향해 여호수아와 갈렙은 밥이라고 표현하고 있다. 그렇게 말할 수 있는 이유는 무엇이었는가?
민 14:9

여호수아와 갈렙은 하나님의 약속을 신뢰했으며, 눈에 보이는 세상의 장애물은 하나님의 비전을 멈추게 할 수 없었다.

심화 질문

1) 여호수아와 갈렙이 어떻게 하나님을 신뢰할 수 있었다고 생각하는가?

그들은 10가지의 재앙으로 애굽을 거꾸러뜨리는 하나님을 경험했으며, 구름기둥과 불기둥으로 함께 동행하시는 하나님을 믿었고, 말씀으로 여리고성을 무너뜨리는 하나님의 능력을 알았기 때문이다. 그리고 그들은 확신했다. 덩치 큰 가나안의 아낙자손을 두려워할 것이 아니라, 창조주 하나님을 두려워해야 할 것임을 말이다.

8 하나님은 하나님을 신뢰한 여호수아와 갈렙을 어떻게 하셨는가? 반대로 하나님을 신뢰하지 못하고 장애물 앞에 무너져 버린 사람은 어떻게 하셨는가?(민 14:20-25)

1) 여호수아와 갈렙

여호수아와 갈렙은 하나님의 종이라 칭함 받았다. 하나님을 온전히 따름으로 하나님이 약속한 땅에서 하나님의 비전을 이루고 그것을 누리게 된다.

2) 그 외 사람들

현실의 장애물만 두려워함으로 하나님을 멸시한 사람들은 하나님께서 약속하신 땅, 가나안에 들어가지도, 보지도 못하게 되었다.

9 하나님의 비전을 품는 사람과 아무런 비전도 품지 않는 사람, 또는 자신만의 비전을 품는 사람들과의 큰 차이점을 우리는 지금까지 이야기했다. 표로 정리해 보라.

	여호수아와 갈렙	그 외
비전의 주체	하나님	자신
비전을 이루는 힘	하나님의 도우심	자신의 힘
장애물	하나님을 신뢰함	포기함
결과	가나안 땅에 들어감	광야에서 죽음

하나님은 우리를 향한 뜻과 계획을 가지고 계신다. 하지만 우리의 길에 때때로 장애물이 다가온다. 어려운 일이 올 때 장애물을 바라보았던 열 명의 정탐꾼과는 달리 장애물이 아닌 하나님의 크심을 바라보았던 여호수아와 갈렙의 결과는 달랐다. 여호와를 신뢰하고 그 비전을 위해 일했던 여호수아와 갈렙은 하나님이 계획하신 가나안 땅에 들어갔지만 그렇지 못했던 사람들은 가나안 땅을 밟아보지도 못한 채 광야에서 죽어야만 했다.

우리를 향한 하나님의 뜻과 비전 앞에서 우리는 어려운 일이 다가올 때 장애물이 아닌 하나님을 바라보며 흔들리지 않는 모습을 가져야 한다. 그럴 때 하나님은 우리에게 가장 좋은 것을 주실 것이다.

10 하나님이 나에게 주신 비전은 무엇이라고 생각하는가?

비전은 하나의 목적을 말하는 것이 아니다. 비전이란 하나님이 나에게 행하기 원하는 하나의 그림입니다. 그렇기에 우리는 하나님이 나에게 원하시고 기뻐하시는 뜻을 찾아야 한다. 그래서 단순히 이것이다, 저것이다 말하기 이전에 비전에 대한 바른 이해와 비전을 찾기 위한 훈련을 받아야 한다. 인도자는 이 사실을 숙지하여 줌으로써 학생들이 단순히 뭐가 되고 싶은 것이 아니라 하나님께서 기뻐하시는 것들이 무엇이며, 그 가운데서 진행되어지는 과정들을 받아들여야 한다는 것을 알려 주어야 한다.

11 하나님이 나에게 주신 비전을 이루기 위해 지금 내가 할 수 있는 일은 무엇인가?

1) 가정에서

2) 학교에서

3) 교회에서

비전이란?

하나님과 함께 그가 원하시는 일을 이루어가는 과정이다. 그러므로 비전에 대한 바른 이해와 준비가 분명히 있어야 한다. 먼저 자신에 대한 바른 가치관을 가져야 한다. 학생들이 가정과 학교, 교회에서 그리스도인으로서 하나님께서 원하시는 모습에 대한 정보를 수집하고, 정리하는 시간을 갖도록 인도한다.